Orar 15 dias
com Santa Luísa de Marillac

ELISABETH CHARPY

Orar 15 dias
com Santa Luísa de Marillac

EDITORA
SANTUÁRIO

DIRETOR EDITORIAL:
Marcelo C. Araújo

EDITORES:
Avelino Grassi
Márcio F. dos Anjos

COORDENAÇÃO EDITORIAL:
Ana Lúcia de Castro Leite

TRADUÇÃO:
Irmã Carolina Mureb Santos, FC

REVISÃO TÉCNICA:
Irmã Neil Pimentel, FC

REVISÃO:
Eliana Maria Barreto Ferreira

CAPA E DIAGRAMAÇÃO:
Simone Godoy

Título original: Prier 15 jours avec Louise de Marillac
© Nouvelle Cité 2006
Domaine d'Arny 91680
Bruyères-le-Châtel
ISBN 2-85313-504-7

Dados Internacionais de Catalogação na Publicação (CIP)
(Câmara Brasileira do Livro, SP, Brasil)

Charpy, Elisabeth
Orar 15 dias com Santa Luísa de Marillac / Elisabeth Charpy; [tradução Carolina Mureb, Santos, FC]. - Aparecida, SP: Editora Santuário, 2010. (Coleção Orar 15 Dias; 21)

Título original: Prier 15 jour avec Louise de Marillac.
Bibliografia.
ISBN 978-85-369-0189-3

1. Luísa de Marillac, Santa, 1591-1660 2. Meditações 3. Orações 4. Vida espiritual I.Título. II. Série.

10-01566   CDD-242

Índices para catálogo sistemático:

1. Meditação e oração: Cristianismo 242

Todos os direitos em língua portuguesa reservados
à **EDITORA SANTUÁRIO** – 2010

Composição em CTcP, impressão e acabamento:
EDITORA SANTUÁRIO – Rua Padre Claro Monteiro, 342
12570-000 – Aparecida-SP – Fone: (12) 3104-2000

Ano: 2013   2012   2011   2010
Edição: **7** **6** **5** **4** **3** **2**

ABREVIAÇÕES

DA – Bento XVI, Encíclica *Deus é Amor*, 2006.

Doc – Elisabeth Charpy, *A Companhia das Filhas da Caridade nas Origens*, Documentos, 1989.

GO – Gobillon, *A Vida de Mademoiselle Le Gras*, Pralard, Paris 1676.

LG – Concílio Vaticano II, Decreto *Lumen Gentium*, o mistério da Igreja, 1964.

LM – Luísa de Marillac, *Escritos Espirituais*, Companhia das Filhas da Caridade 1983.

SV – Pierre Coste, *São Vicente de Paulo, correspondências, conferências, documentos*, 14 volumes, Lecoffre, Gabalda 1920-1925.

Conf – Conferências de São Vicente de Paulo às Filhas da Caridade.

QUEM É ESTA MULHER?

A família de Marillac ocupa um lugar importante no Reino da França. Guilherme, o avô de Luísa, foi superintendente das finanças. Seu tio e tutor, Miguel, tornar-se-á o Guarda dos Selos sob o comando de Richelieu. Ele será destituído depois da Jornada do Logro (Journée des Dupes), da qual ele foi um dos principais instigadores com seu meio irmão, o marechal de Marillac.

Luísa nasceu em 12 de agosto de 1591. O nome de sua mãe é desconhecido. Seu pai, Luís, era viúvo. Ele casará três anos mais tarde com Antonieta Le Camus, viúva e mãe de três crianças pequenas.

Desde a mais tenra idade confiada ao mosteiro real de Poissy, próximo de Paris, onde as religiosas dominicanas educam algumas meninas da nobreza, Luísa receberá uma educação ao mesmo tempo espiritual e humanista: aprende a ler e a escrever, a conhecer Deus e a rezar.

Por volta dos 12 anos é colocada num pensionato de meninas em Paris, mantido por uma "mestra hábil e virtuosa" (GO, p. 7). É difícil saber quem decidiu a mudança: se foi o pai em meio a graves dificuldades financeiras ou seu tutor, pouco depois da morte do pai em 1604. O estilo de vida é bem diferente, pois o pensionato se mantém com dificuldade. Nele, Luísa descobre a pobreza e aprende o que é necessário a uma mulher para cuidar de sua casa.

Em 1606, Luísa de Marillac participa de uma longa procissão que conduz as religiosas capuchinhas ao seu novo mosteiro na rua Saint-Honoré, em Paris. Sente desejo de consagrar-se a Deus nesta vida de pobreza e de trabalho manual, mas como toda jovem do século XVII ela não pode decidir sozinha seu projeto de vida: deve obter a autorização de seu tutor, Miguel de Marillac. Este a envia ao provincial dos capuchinhos, Padre Champigny, que recusa seu pedido alegando sua saúde frágil e lhe diz: "Deus tem outros desígnios sobre vós" (GO, p. 9). A aflição da jovem é grande. Segundo os costumes do século XVII, o tutor decide então casá-la.

Em 5 de fevereiro de 1613, o casamento é celebrado na igreja São Gervásio, em Paris. Luísa de Marillac torna-se esposa de Antônio Le Gras, escudeiro e secretário da Rainha. Por ser seu marido um simples burguês, ela conservará o tratamento de senhorita [mademoiselle] Le Gras, porque o de senhora [madame] é reservado às mulheres da nobreza.

Durante vários anos, a felicidade e a fartura reinam no lar dos Le Gras. Seu filho Miguel nasce em 13 de outubro de 1613, para grande alegria do casal. Mas, a partir de 1622, a situação muda. A doença modifica o temperamento de Antônio, que se torna irritado e exigente. Luísa inquieta-se, perturba-se. É tomada pela ansiedade: não seria ela a responsável por essa doença? Deveria reconhecer que a Mão de Deus a estava punindo por ter-lhe sido infiel, não cumprindo a promessa de tornar-se religiosa? A escuridão invade sua alma. Pouco a pouco, ela mergulha num estado depressivo, apesar do apoio e do encorajamento de seu diretor espiritual, Padre Pierre Camus, pregador muito apreciado e amigo de Francisco de Sales.

No domingo, 4 de junho de 1623, Luísa vive uma experiência muito particular. A luz de Deus se manifesta a ela no dia de Pentecostes. "De repente, fui esclarecida de minhas dúvidas" (LM, p. 11). Deus substituiu por certezas as dúvidas que a oprimiam há meses. Ela pensava em abandonar o marido doente, e compreende que deve permanecer junto dele, pois mais do que nunca ele necessitava dela. Ela se culpava de infidelidade, já que havia prometido consagrar-se a Deus no mosteiro das religiosas capuchinhas, e entende que um dia lhe seria permitido doar-se a Deus para servir os pobres e viver numa comunidade de estilo novo. Ela começava até a duvidar da existência de Deus, e a luz recebida consolida sua fé.

Com amor e ternura acompanha o marido até a sua morte, ocorrida em 12 de dezembro de 1625. Sua situação financeira se abala, pois era o marido quem assegurava o sustento da família. Forçada a deixar sua casa situada perto da igreja de São Nicolau dos Campos, aluga uma residência na rua São Vítor, perto do Colégio des Bons Enfants, onde reside Padre Vicente de Paulo, seu novo diretor espiritual.

O engajamento de Luísa de Marillac nas Confrarias da Caridade, associações caritativas fundadas em 1617, por Vicente de Paulo, leva-a a preocupar-se com os outros e a sair de si mesma. Padre Vicente descobrindo toda a riqueza de sua personalidade, fez dela sua colaboradora na obra das Confrarias. Em 1630, quando as camponesas vêm a Paris para ajudar as Damas da Caridade nas tarefas mais simples e humildes que a situação dos doentes requer, Vicente de Paulo pede a Luísa de Marillac para acolhê-las, formá-las e acompanhá-las.

Pouco a pouco surge em seu espírito a necessidade de reunir numa Confraria distinta daquela das Damas da Caridade, essas camponesas que desejam aprofundar o sentido de seu compromisso. Em 29 de novembro de 1633 nasce a Companhia das Filhas da Caridade, frequentemente chamadas de Irmãs de São Vicente de Paulo, que durante 27 anos Luísa de Marillac dirigirá, garantindo a formação humana e espiritual das Irmãs. Em 25 de março de 1642, com quatro Irmãs, ela se compromete por votos ao serviço de Cristo junto aos pobres.

Rapidamente chegam apelos de diferentes Confrarias da Caridade de Paris, depois das aldeias, solicitando o envio de algumas Filhas da Caridade para socorrer os pobres. A resposta só será positiva em se tratando de pobres sem qualquer outro socorro. O serviço das Filhas da Caridade se amplia: visitas e cuidados aos doentes em domicílios ou em hospitais, acolhida e educação das crianças abandonadas, escolas para as meninas pobres dos campos, cuidado dos galerianos doentes etc.

Os anos de 1644-1649 são para Luísa anos de duras provas. A Companhia das Filhas da Caridade atravessa um período difícil: saída de numerosas Irmãs, fracasso de algumas implantações da comunidade. Luísa de Marillac julga-se profundamente responsável por todas essas desgraças. Além disso, seu filho Miguel, que se preparava para ser padre, desaparece sem deixar vestígios: partira para viver com mulheres. Que preocupação para essa chorosa mãe! Em janeiro de 1650, o casamento de Miguel lhe traz paz e a alegria de ser avó da pequena Luísa Renata que nasce em outubro de 1651.

A Guerra Civil da Fronda, de 1648 a 1652, provoca uma multiplicidade de pobrezas: massacres, estupros, roubos de colheitas provocando dificuldades de abastecimento. Em Paris, sopas populares são organizadas. Numerosas crianças órfãs vagam nas ruas e campos sem nenhum auxílio. Lugares de acolhidas são abertos para recebê-las. Com a retomada da guerra com a Espanha, em 1653, a rainha Ana da Áustria pede o envio de Filhas da Caridade aos campos de batalha para cuidar dos feridos e agonizantes.

A oração e a meditação de Luísa de Marillac são orientadas para Jesus Cristo, homem vivo no meio dos homens. Por sua vida, sua morte e sua ressurreição, Jesus proclamou seu amor por todo homem. Em suas cartas, Luísa de Marillac conduz as Irmãs a um aprofundamento de seu compromisso e ajuda-as a reler a vida na perspectiva do Evangelho.

Para evitar que essa nova comunidade, vivendo em pleno mundo, não seja um dia enclausurada, Luísa de Marillac convenceu Vicente de Paulo a aceitar a responsabilidade desse grupo, subtraindo-o assim à jurisdição dos bispos. Ela se recorda de que Francisco de Sales, por imposição do bispo de Lyon, viu-se obrigado a enclausurar as religiosas da Visitação impedindo-as de continuar a ir às casas dos doentes e dos pobres.

Em 15 de março de 1660, alguns meses antes de Vicente de Paulo, Luísa de Marillac morre. Seu filho, sua nora e sua neta de 9 anos, algumas Damas da Caridade e numerosas Irmãs a acompanharam durante sua agonia e rezaram com ela. Seu corpo foi enterrado no cemitério junto à paróquia de São Lourenço em Paris e seus restos mortais transferidos mais tarde para a Casa Mãe das Filhas da Caridade.

Em 11 de março de 1934, Luísa de Marillac é canonizada por Pio XI. Em fevereiro de 1960, João XXIII declarou-a padroeira de todos os que se dedicam às obras sociais cristãs.

ITINERÁRIO ESPIRITUAL

A leitura das meditações e das orações de Luísa de Marillac mostra que sua espiritualidade tem características bem diferentes segundo os períodos de sua vida.

Nos seus primeiros escritos por volta de 1620, Luísa se dirige a um Deus impessoal, a um Deus todo-poderoso. Olhando suas faltas, seus pecados, teme a justiça divina. Para escapar de sua ira (segundo uma expressão dos salmos), ela multiplica orações e mortificações. Pensa que o sofrimento, tanto o que suporta quanto o que se impõe, atrairá a benevolência divina.

Em torno de 1630, uma mudança importante acontece. Luísa de Marillac, na sua oração, dirige-se agora a Jesus Cristo, o Filho de Deus feito homem. Por que essa transformação? Aconselhada por seu novo diretor espiritual, ela aceitara participar da ação caritativa das Confrarias da Caridade. Vai, então, em direção aos outros, sai de sua casa, não se fecha em suas próprias dificuldades. Os numerosos pobres que visita revelam-lhe a humanidade sofredora.

Ela contempla longamente "a santa humanidade de Jesus Cristo". Seu primeiro olhar é para Maria, mulher humilde, que respondendo à escolha de Deus dá uma natureza humana ao próprio Filho de Deus.

Nas suas orações, Luísa gosta de admirar Jesus na sua vida pública; no seu relacionamento como homem com seus concidadãos; na sua maneira de agir, de falar, e nela discerne as virtudes humanas fundamentais: amor desinteressado, atenção ao outro, respeito, ternura. A contemplação do amor de Jesus vivo no meio dos homens torna-se a fonte e o apoio do serviço aos pobres empreendido por Luísa e as Filhas da Caridade. A frase do Evangelho "o que fizestes ao menor dos meus irmãos, foi a mim que o fizestes", ressoa no seu coração. Ao afirmar como feito a ele o que é feito aos pobres, Jesus reconhece a dignidade dos pequenos e proclama a grandeza do trabalho empreendido para o alívio dos mais necessitados.

Instituindo a Eucaristia, Jesus quis prolongar sua presença em meio aos homens: humildemente, aceita permanecer entre eles sob as espécies do pão e do vinho. Luísa admira essa nova manifestação do amor divino, esse desejo de união do Filho de Deus com o homem.

Embora se detendo na humanidade de Jesus, ela reconhece e afirma sua divindade e não teme interrogar as três pessoas divinas sobre o desejo de unir-se a todo homem. O amor do Deus Trindade por toda a humanidade a maravilha.

A partir de 1652, percebe-se uma nova transformação em Luísa. A Guerra Civil da Fronda (1648-1652) provocou grandes sofrimentos em todo o país: fome, doenças etc. Refletindo sobre a ajuda eficaz que, apesar da situação, pode ser enviada aos pobres pelas Damas da Caridade e Irmãs, Luísa descobre a profunda misericórdia de Deus para com todos. Uma paz profunda a invade pouco a pouco. Paz que não brota do desconhecimento da realidade ou da recusa de ver os problemas que se apresentam, mas expressão da profundidade do amor, resultado da ação do fogo ardente do Espírito Santo presente nela.

Rezar com Luísa de Marillac é um convite a descobrir e acolher o amor do Filho de Deus feito homem, a reconhecer a grandeza e a beleza de todo ser humano, já que o Filho de Deus se tornou um deles. Rezar com Luísa de Marillac compromete a aprofundar a fé e a viver na simplicidade e humildade o único mandamento do amor a Deus e ao próximo.

Primeiro dia

ACEITAR SER QUEM EU SOU

Deus concedeu-me tantas graças, fazendo-me conhecer que sua santa vontade era que eu fosse a Ele pela cruz, que sua bondade quis dar-me desde meu nascimento, não me deixando quase nunca, em nenhuma fase de minha vida, sem ocasião de sofrimento (LM, p. 804).

Ao nascer na pobreza e abandono dos homens, Nosso Senhor ensina-me a pureza de seu amor (...). Por isso, eu devo aprender a manter-me oculta em Deus, com o desejo de servi-lo, sem buscar o testemunho dos homens e a satisfação em sua comunicação, contentando-me com que Deus veja o que quero ser para Ele. Ele quer que me entregue a Ele, a fim de realizar em mim esta disposição: assim o tenho feito por sua graça (LM, p. 812).

O mistério que envolve seu nascimento é para Luísa uma fonte de grande sofrimento. Para uma criança, ignorar quem é sua mãe é uma dor imensa que permanece por toda a vida.

Como muitas dessas crianças nascidas de mãe desconhecida, Luísa se persuade de que é a causa deste abandono, de que não merecia ser acolhida, amada por sua mãe. Considera-se como um ser sem valor. Ela olha "sua abjeção", "suas numerosas infidelidades". Todos esses sentimentos deixam-na doente. Ela sente "uma opressão de coração, tão grande, que nos momentos mais violentos, a fazia sofrer até no corpo" (LM, p. 779).

Bem jovem, Luísa é confiada às religiosas dominicanas de Poissy. No meio de outras crianças recebidas nessa casa de educação, ela se vê diferente. Nos dias de visita dos pais ela vive uma grande solidão; seu pai quase não a visita. Interroga-se: "Por que este abandono da família? Quem sou eu?" Profundamente marcada por essas questões mostra-se uma menina triste, frágil, sensível. Como não sofrer quando se tem um olhar tão negativo sobre si mesmo?

No mosteiro de Poissy, Luísa recebe a educação cristã. Madre Luísa de Marillac, sua tia-avó, religiosa erudita, a guia ao encontro de Jesus. Ensina-lhe, em todo 12 de agosto, a celebrar o dia do aniversário de seu batismo. Nesse dia, Luísa escreverá mais tarde, "fui consagrada e dedicada ao meu Deus para ser sua filha" (LM, p. 782).

Ao longo dos anos, a leitura da carta aos Romanos leva Luísa a aprofundar sua reflexão sobre esse sacramento. Ser batizado implica ter fé no Deus que se revela por sua Palavra feito carne. O batismo mergulha o cristão na vida divina. "Batizados na morte de Cristo," o cristão é convidado a participar "do amor que, desde toda a eternidade, Nosso Senhor tem por nós" (LM, p. 900).

Essa vida nova só pode nascer se morrer primeiro o pecado. Toda conversão é uma mudança exigente. Para adquirir uma total liberdade espiritual, Paulo insiste sobre o abandono do que ele chama de velho homem, para acolher o homem novo revelado em Jesus Cristo. Luísa deseja despojar-se de tudo que a mantém fechada em si mesma, do olhar negativo que a impede de se abrir aos outros e a Deus. Esforça-se para aceitar ser quem ela é, isto é, acolher-se com suas riquezas e suas carências. "Contentando-me com que Deus veja o que quero ser para Ele: para tal finalidade quer que me entregue a Ele, a fim de realizar em mim esta disposição" (LM, p. 812).

A partir de 1636, Luísa de Marillac se encontra engajada com as Filhas da Caridade na "obra das Crianças Abandonadas", iniciada por Vicente de Paulo e as Damas da Caridade. Luísa mostra-se muito sensível ao olhar dirigido a essas crianças abandonadas nas ruas ou sob os pórticos das igrejas. Ela poderia ter sido uma delas. Um grande número de pessoas acha ser justo que esses bebês morram, porque "são filhos do pecado". Querer ocupar-se deles seria uma desonra.

As Filhas da Caridade são marcadas pela mentalidade de sua época. Se algumas realizam com alegria e muito amor o serviço às crianças abandonadas, outras se recusam cuidar delas. "Essas crianças que, segundo todas as probabilidades, são duplamente concebidas no pecado, representam uma planta espinhosa", explica uma delas durante um encontro com Vicente de Paulo (Conf., 7/12/1643). Essas reações atingem Luísa no mais profundo dela mesma. Todo o sofrimento de sua infância reaparece. Ela não pode explicar às Irmãs a aflição que sente e pede a Vicente de Paulo para intervir: "Entre as Irmãs correu o boato que só pode ter vindo do espírito do demônio, de que, quando uma Irmã não serve para estar numa paróquia, nem noutro lugar, ela é mandada para a casa das crianças abandonadas como se fosse para uma prisão. (...) Por acaso, temos Irmãs melhores do que aquelas que estão ali pelo amor que têm a Deus, a quem prestam serviço na pessoa destas crianças?" (Conf., 14/12/1656).

Para o bem das crianças sem família, Luísa é inventiva. A experiência de suas próprias feridas lhe dá força e determinação para que toda criança seja reconhecida e respeitada. Ela, que viveu em grupo durante muitos anos, deseja que as crianças possam conhecer uma vida de família. Por isso, desde março de 1640, utiliza amas de leite. Quando vai instalar as crianças abandonadas no velho castelo de Bicêtre, Luísa de Marillac exige modificações na organização da casa prevista pelas Damas da Caridade: "As Damas não pensaram em dispor um lugar para a escola. Vimos um, no térreo, muito indicado para os meninos, pois, devemos separá-los das meninas. Basta, apenas, abrir uma porta e fechar algumas janelas. A sala das meninas seria no andar de cima" (LM,

p. 249). Luísa considera que toda criança tem direito à instrução que será, sem dúvida, sua única riqueza quando deixar o estabelecimento.

Luísa de Marillac não procurou negar sua própria fragilidade. Ao contrário, ela se esforçou para assumi-la e fazer dela um trampolim para o serviço aos mais fragilizados.

> Deus é Caridade. (...) Quem tiver mais caridade, mais participará dessa luz divina que a inflamará eternamente no santo Amor. Quero, pois, fazer tudo quanto puder para manter-me no exercício do Amor santo e apaziguar meu coração ante todas as amarguras que o contrariam (LM, p. 804).

Segundo dia

ACEITAR QUE O OUTRO SEJA QUEM ELE É

Senhor Padre, temo que minhas cartas tenham se perdido. O principal assunto delas era pedir-vos conselho sobre meu filho. (...) Seu entusiasmo na decisão de fazer-se sacerdote diminuiu muito. Vejo uma grande transformação em seu espírito (LM, p. 18).

Alimentava a esperança de que a doença do meu filho lhe servisse de lição, porém, pelo que soube, anda por aí passeando e até dormindo fora de casa. (...) No meu pobre entender, colocou e continua colocando uma barreira em seu coração para impedir a entrada do conhecimento do estado de sua alma. Reconheço todo este mal, (...) embora conserve um grande desejo de sua salvação (LM, p. 196).

Nestas duas cartas para Vicente de Paulo, Luísa de Marillac expressa suas inquietudes a respeito do futuro do seu filho. Depois de ter aprendido na oração a aceitar quem ela é, Luísa de Marillac percebe a obrigação de respeitar seu filho, recusando impor-lhe seus próprios desejos de futuro.

Com a morte do marido, em dezembro de 1625, Luísa sentiu-se sozinha, desamparada. Obrigada a se mudar, ela se inquieta por Miguel que tem 12 anos: este acontecimento será a ruptura total com sua infância. Uma grande ansiedade oprime seu coração. Ama tanto o filho que gostaria de evitar-lhe todo aborrecimento e vê-lo feliz. Ela se dirige àquela que educou Jesus:

> Santíssima Virgem, dignai-vos tomar meu filho e a mim sob vossa proteção e aceitai a escolha que faço dessa proteção para servir-me de guia; recebei meus votos e súplicas junto com meu coração que vos entrego todo inteiro, a fim de glorificar a Deus pela escolha que sua bondade fez de vós, para ser mãe de seu Filho (LM, p. 783).

Luísa tem um grande desejo: que Miguel seja padre. Inscreve-o no pequeno seminário de

Saint Nicolau de Chardonnet, dirigido pelo austero Padre Bourdoise. Ela conhece a pouca inclinação de seu filho para os estudos, mas como toda mãe, o desculpa:

> Ele precisa de incentivo para trabalhar com eficiência... Possui como eu, a mente preguiçosa; para atuar, precisamos ver-nos forçados, seja por funções absolutamente necessárias, seja por nossas próprias inclinações que, de repente, nos obrigam a empreender coisas dificílimas (LM, p. 350).

Com seus colegas do seminário menor, Michel veste a batina aos 14 anos e meio. É o primeiro passo em direção ao sacerdócio, o que alegra sua mãe. Mas num dia de outubro de 1638, Luísa é informada de que seu filho prefere morrer a ser obrigado a se tornar padre. Ela vê nisso uma ação da justiça de Deus sobre ela. À Luísa só resta rezar:

> Suplico a nosso amado Jesus Crucificado que nos prenda fortemente à sua cruz, para que, unidas intimamente a Ele em seu santo amor, nossos pequenos sofrimentos e o pouco que fizermos o sejam com amor e por seu amor (LM, p. 69).

Algumas semanas mais tarde, uma discussão muito violenta com Miguel transtorna Luísa de tal maneira que ela desmaia. Quanto sofrimento para essa mãe que pode somente reconhecer a grande afeição que a liga a seu filho! Como muitas mães angustiadas e magoadas, suas palavras foram desajeitadas, ditas com muito ardor e muito mal recebidas.

Refletindo sobre esses acontecimentos, Luísa toma consciência de que um amor que busca impor-se ou dominar torna-se negação desse amor. Reconhece que a vocação sacerdotal ou religiosa não pode ser imposta, porque é um chamado de Deus e requer uma resposta livre. Ela confia a Deus este filho que tanto ama:

> Com a afeição natural que sempre tive, de modo profundo, por meu filho... eu vos suplico meu Deus, tomar posse plena e inteira de tudo que ele é e conceder-lhe as graças necessárias (Doc., p. 1133).

A experiência de Luísa com o filho torna-se luz para seu agir. Ela aprende a se livrar da necessidade de possuir o outro. Em 1629, visitando as Confrarias da Caridade vai sempre acompanhada de Germana, uma jovem camponesa que Luísa aprecia por sua competência e dedicação. Mas no momento da fundação da Companhia das Filhas da Caridade, Germana decide não se juntar a esse novo grupo. Luísa sofre, mas não fará nenhuma pressão sobre esta jovem a fim de fazê-la mudar de opinião. Como Jesus diante do jovem rico (Lc 18,21), com tristeza, ela vê Germana partir.

Luísa aprendeu a respeitar a escolha livre de cada um e exige dos outros a mesma atitude. Com certo rigor, dirige-se à superiora das religiosas beneditinas de Argenteuil que tentava atrair para seu mosteiro uma Filha da Caridade. Luísa reconhece a grandeza da vocação das monjas, mas deseja respeito às novas formas de vida religiosa.

> Não quis acreditar, Senhora, que fostes vós que procurastes desviá-la de sua vocação. Não posso sequer imaginar que aqueles que conhecem sua importância queiram opor-se aos desígnios de Deus (LM, p. 29).

Ela expõe a grandeza do projeto de vida dessas mulheres e o sofrimento dos pobres se elas não existissem mais:

> Vós privais de socorro os pobres abandonados, expostos a toda sorte de necessidades e que só podem verdadeiramente ser socorridos pelo serviço dessas jovens. Desapegando-se de todo interesse, essas boas jovens doam-se a Deus para o serviço espiritual e material dessas criaturas a quem Sua bondade quer considerar como membros seus (LM, p. 30).

A carta de Luísa de Marillac convida a reconhecer essa nova forma de vida religiosa e descobrir nela a ação de Deus em favor dos pobres.

Mais tarde, Luísa de Marillac viverá um tempo de despojamento. Por volta de 1647, algumas Filhas da Caridade, achando a vida de comunidade e o serviço dos pobres muito exigentes, deixam a Companhia. Luísa mergulha num sentimento de culpa e de angústia, e implora: "Senhor, escuta a minha oração, e chegue a ti o meu clamor. Não me ocultes teu rosto no dia da minha aflição; inclina para mim o teu ouvido" (Sl 102,2-3).

Apoiada por Vicente de Paulo durante essa provação, ela compreende quanto é necessário deixar cada um livre para escolher o rumo de sua vida. Sua oração torna-se mais confiante.

Ao longo dos anos, Luísa de Marillac descobre a alegria de ajudar as jovens a assumirem o projeto de Deus para elas.

> Hei de livremente entregar a Jesus a posse de minha alma e tratarei de conservar a alegria, que produz em mim sentir o desejo e a possibilidade de fazer com que cada um de nós seja seu predileto (LM, p. 808).

Terceiro dia

SER DISPONÍVEL À VONTADE DE DEUS

Visto que Jesus faz suas as nossas necessidades é muito razoável que sigamos e imitemos sua santíssima vida humana; este pensamento apoderou-se de todo meu espírito e me levou à resolução de segui-lo abertamente, sem nenhuma preferência, mas sentindo consolo em reconhecer-me tão feliz de ser aceita por Jesus a fim de viver toda a minha vida em seguimento dele. Para isso, formei o propósito de, em toda ocasião de dúvida, quando não souber como agir, considerar o que Jesus fez.

E, como passara diante do Santíssimo Sacramento, senti-me fortemente impelida a acolher o chamado de Deus e cumprir sua santíssima vontade, julgando-me indigna de que sua bondade quisesse ter desígnios sobre minha alma, os quais desejo se cumpram inteiramente em mim, e, para isso, quero oferecer-me a Deus por toda a minha vida. "Abandonar-me-ei por completo nas mãos de Deus, em agradecimento pelo grande amor que O levou a manifestar-se aos homens (LM, p. 808).

A chegada de algumas camponesas a Paris para ajudar as Damas da Caridade no serviço aos pobres é um acontecimento que vai transtornar a vida de Luísa de Marillac. É em meio a um cotidiano humilde que os sinais de Deus se revelam e apontam um futuro novo.

Rapidamente, Luísa se interroga sobre o futuro dessas novas servas dos pobres, cheias de entusiasmo e de generosidade. Não seria necessário reuni-las numa espécie de Confraria, distinta daquela das Damas da Caridade para assegurar sua formação e sustentar sua fidelidade? Parece-lhe que Deus lhe pede que se faça a serva dessas servas. Como responder ao que talvez seja um apelo de Deus, quando isto parece irrealizável? Luísa toma tempo para refletir e rezar. "Desejo que seus desígnios se cumpram inteiramente em mim, e, para isso, quero oferecer-me a Deus por toda a minha vida" (LM, p. 808).

Não se deve construir sobre a areia, mas assegurar-se da solidez do terreno, recomenda Jesus (Mt 7,24). Com lucidez, Luísa pensa nas consequências de tal compromisso. Terá ela forças para viver com as camponesas, das quais a cultura e o estilo de vida são tão diferentes dos seus? As apreensões de Luísa são grandes. Como aqueles que a cercam compreenderão essa decisão, essa mudança de nível social? A escolha de Deus não está acima de suas forças, acima do que humanamente ela pode realizar?

Luísa reza a Jesus, o Filho de Deus feito homem, "do qual todas as ações são apenas para nosso exemplo e ensinamento" (LM, p. 809). Para anunciar aos homens o amor divino, Jesus aceitou viver no meio dos homens, aceitou as críticas e reprovações quando suas atitudes não estavam de acordo com o ensinamento das autoridades religiosas de sua época. Ela lhe suplica: "Dai-me grande coragem e confiança para empreender tudo que me pedirdes" (LM, p. 809). No final de sua oração, ela adquire essa certeza: "Deus não deixará de assistir-me quando me pedir algo acima de minha capacidade" (LM, p. 809).

Luísa gostaria de contentar-se em oferecer a Deus sua total disponibilidade e não se atormentar com o que as pessoas dirão da escolha de vida que ela pensa assumir. "Dar-me a Deus para servir ao próximo numa condição sujeita a críticas aos olhos do mundo, em seguimento de Nosso Senhor é o que desejo fazer, se tal for sua santa vontade" (LM, p. 812).

Mas seu projeto não seria uma ilusão ou desejo inconsciente de ser reconhecida por um projeto original? Para saber, com certeza, se o apelo escutado vem de Deus, ela decide recorrer a Vicente de Paulo, seu diretor espiritual. A resposta parece desviá-la de seu projeto. "Vós estais entregue a Nosso Senhor e a sua santa Mãe; apegai-vos a eles e ao estado no qual eles vos colocaram, aguardando que eles revelem que desejam outra coisa de vós" (SV I, 79). Nada, no momento, parece indicar que a reunião das servas dos pobres numa Confraria diferente daquelas das Damas da Caridade seja desejável.

Luísa não se deixa abater por essa recusa. Ao contrário, seu desejo de ser toda de Deus se fortifica: "Devo perseverar à espera do Espírito Santo, mesmo não sabendo o momento de sua vinda, e aceitando esse desconhecimento assim como a dos caminhos pelos quais Deus quer que O sirva. Hei de abandonar-me inteiramente às suas disposições para ser toda sua" (LM, p. 810). Ela permanece à espera, pois aprendera na sua oração que Deus não se oculta àqueles que o procuram na verdade: "Pareceu-me que nosso bom Deus pedia-me o consentimento. Dei-lho inteirinho, para Ele mesmo operar o que quisesse ver em mim" (LM, p. 814).

Vicente de Paulo, por sua vez, reflete e reza, procurando discernir a vontade de Deus. Esforça-se para dirigir um olhar objetivo sobre o pedido, clarear o que poderia ser uma ilusão, buscando luz para perceber se a resposta pensada glorificará a Deus e contribuirá realmente para o bem dos pobres servidos pelas Confrarias da Caridade. Durante seu retiro anual, em agosto de 1633, ele repensa longamente o projeto que Luísa de Marillac lhe apresentou. No fim do mês, ele a convida para ir vê-lo. Juntos estudam as diferentes providências a serem tomadas, examinam os erros que devem ser evitados. Luísa é confortada pela voz desse padre. É Deus realmente que a chama a essa nova vida.

No dia 29 de novembro de 1633, Luísa de Marillac acolhe em sua casa, próxima à igreja de São Nicolau de Chardonnet, em Paris, algumas (quatro ou cinco de acordo com seu primeiro biógrafo) jovens que estão a serviço dos pobres nas Confrarias da Caridade de Paris. Elas aceitam tentar a aventura de uma vida consagrada em pleno mundo para o serviço dos pobres. Assim nasce a Companhia das Filhas da Caridade.

Luísa suplica a Deus assisti-la nesta missão inteiramente nova para ela:

> Nosso Senhor quis unir-se tão estreitamente a nós por amor...
> Terei grande confiança em Deus e certeza de que sua graça me basta para cumprir sua santa vontade, ainda que se apresente em coisa difícil. Honrarei também este mistério com uma fé viva e cheia de confiança de que se cumprirão em mim os desígnios de Deus, qualquer que seja o caminho por onde me conduza, desde que eu me deixe guiar (LM, p. 809).

Quarto dia

CONTEMPLAÇÃO DO MISTÉRIO DA ENCARNAÇÃO

Espírito Santo, só vós podeis fazer compreender a grandeza desse mistério da Encarnação que, se assim pode-se dizer, parece manifestar a impaciência de Deus; é bem mais o anúncio de que se aproxima o cumprimento do desígnio de Deus sobre a natureza humana, para que alcance a perfeição da união que sua onipotência quer nela realizar (LM, p. 941).

O amor de Deus para com os homens o levou a querer que seu Filho se fizesse homem, porque põe suas delícias em estar com os filhos dos homens. Ele se sujeitou à condição humana para dar-lhes através de sua vida humana sobre a terra, o testemunho de que Deus os amou desde toda a eternidade (LM, p. 952).

Toda a reflexão de Luísa de Marillac sobre o pobre, todas as suas iniciativas para socorrer os rejeitados da sociedade de seu tempo emanam de sua contemplação do mistério da Encarnação que está no coração de sua espiritualidade.

Como é possível compreender a grandeza da Encarnação, este mistério central do cristianismo? Luísa se detém longamente sobre o ardente desejo de Deus vir ao homem para falar do seu amor. Sendo ela uma mulher sempre apressada em realizar o que lhe parece necessário, imagina Deus sofrendo pelo pecado do homem, compassivo diante de sua grande miséria e impaciente por realizar a Encarnação de seu Filho.

Durante sua oração, ela observa as três pessoas da Trindade refletindo juntas sobre a conduta a adotar. "O Criador no conselho de sua Divindade, com um supremo e puríssimo amor decidiu: uma das três Pessoas iria encarnar-se" (LM, p. 792). Deus se vê próximo do homem ou antes, ele deseja que o homem compreenda que não o abandonará jamais, qualquer que seja seu comportamento.

Quem teria imaginado tal atitude de Deus, tal desejo de encontrar-se com o homem? A Encarnação não é uma realidade abstrata. Jesus, o Verbo feito carne, vem falar ao homem que o Amor divino não tem limites. "Deus jamais testemunhou maior amor ao homem do que ao encarnar-se" (LM, p. 793). Luísa de Marillac maravilha-se e sempre se maravilhará diante deste dom divino no qual sempre descobrirá maneiras diferentes de se manifestar.

A Encarnação do Filho elimina a distância entre o homem e Deus: em Jesus Cristo, o homem e Deus são um. Deus, que parecia inacessível, torna-se próximo. Vindo partilhar sua humanidade, propõe ao homem partilhar sua divindade. "Segundo o desígnio da Santíssima Trindade, a Encarnação visava... fazer o homem chegar à excelência do seu ser: Deus queria ter com ele uma união eterna" (LM, p. 940). Os Padres da Igreja sempre resumiram essa ideia numa curta frase: "O Filho de Deus se fez homem para nos fazer deus" (Santo Atanásio). Luísa tem apenas um desejo: fazer de sua vida uma resposta de amor ao Amor que Deus manifesta aos homens!

Como teóloga competente, Luísa não ignora que "a Encarnação do Filho de Deus é, segundo os desígnios divinos, desde toda a eternidade, para a Redenção do gênero humano" (LM, p. 954). O Cristo, pela sua natureza divina unida à sua natureza humana, é o mediador entre Deus, seu Pai e seus irmãos, os homens. O Cristo por sua morte e sua ressurreição propõe ao homem a reconciliação, a renovação permanente da Aliança com Deus.

Ela descobre o que João Paulo II, na sua encíclica *O Redentor do Homem*, chamará "tremendo mistério do amor". Jesus se associou a todo sofrimento humano, experimentando no momento de sua morte um profundo sentimento de abandono. Nesta situação de angústia, o Filho de Deus grita a seu Pai.

> O momento da Redenção da humanidade, obra tão admirável, é conhecido pela palavra de Nosso Senhor: "Meu Deus... porque me abandonaste?", que nos mostra que a pessoa divina sofria (LM, p. 839).

O Cristo aceita viver o abandono, tal como o homem o experimenta depois de seu pecado. Como o pai do filho pródigo, Deus vai ao encontro daquele que grita por Ele. Em seu Filho morto e ressuscitado, Deus vê o homem. E vendo o homem, Deus vê seu Verbo, homem no meio dos homens. "Foi tão completa a reconciliação da natureza humana alcançada por este meio, que o amor de Deus já não pode mais separar-se dela" (LM, p. 806).

A Paixão do Filho de Deus é um ato de Amor tão profundo que Luísa o inscreve no brasão da Companhia das Filhas da Caridade: "A caridade de Jesus crucificado nos impele". Para Luísa, este amor deve animar e inflamar o coração de toda Filha da Caridade para o serviço dos mais desfavorecidos. Ela não hesita em olhar o serviço corporal e espiritual dos pobres, sempre exigente, como um prolongamento da Redenção, porque permite àqueles que estão doentes, humilhados, derrotados e rejeitados a recuperação de sua plena dignidade de homens e de filhos de Deus. "Não é uma glória para as almas cooperarem com Deus no cumprimento de seus desígnios?" (LM, p. 951). Esta reflexão surpreendente se assemelha àquela de Paulo que ousa dizer: "Alegro-me nos sofrimentos que tenho suportado por vós e completo, na minha carne, o que falta às tribulações de Cristo em favor do seu Corpo que é a Igreja" (Cl 1,24).

Na fórmula com a qual conclui suas cartas, Luísa menciona sempre esse amor extraordinário manifestado por Jesus na cruz. "Sou, no amor de Jesus Crucificado, vossa muito humilde serva." Luísa deseja que ela e as pessoas às quais escreve, sejam impregnadas do mesmo amor que levou Jesus a morrer na cruz. Ela se apropria das palavras de São João em sua primeira carta: "Nisto consiste o amor: não fomos nós que amamos a Deus, mas foi ele que nos amou e enviou o seu Filho como oferenda de expiação pelos nossos pecados (...). Nisto sabemos o que é o amor: Jesus deu a vida por nós. Portanto, também nós devemos dar a vida pelos irmãos" (1Jo 4,10; 3,16).

Luísa não pode calar a admiração pelo imenso amor de Deus, revelado neste mistério da Encarnação. Sua oração expressa seu assombro:

> Meu Senhor, verdadeiramente nos amais, pois sois um com vosso Pai que quis manifestar-nos seu amor, dando-nos seu Filho, Vós mesmo! E temos a certeza de que quereis ser amado por nós, pois tanto vossa antiga Lei como a nova no-lo ordenam e, nos prometeis: se vos amarmos, o Pai nos amará e virá a nós convosco e permanecereis em nós. Oh! Poder do amor! (LM, p. 952)

Quinto dia

A GRANDEZA EXTRAORDINÁRIA DO HOMEM

Pareceu-me que o homem era a obra principal da criação e que o pecado, de certo modo, o havia aniquilado, tornando-o incapaz de gozar de Deus. E como o desígnio de Deus era que esse aniquilamento não fosse perpétuo, o mesmo Deus que dissera: "Façamos o homem à nossa imagem e semelhança", tomou a decisão de redimi-lo, o que é uma nova criação (LM, p. 842).

Ó, admirável amor! Ó, segredo escondido! Que quisestes fazer, ó meu Deus, ao criar o homem, já que não ignoráveis a sua fraqueza? Era, porém necessário que fosse assim, para fazer-nos compreender, ó nosso Mestre, os efeitos de vosso imenso amor! (LM, p. 918).

A contemplação do mistério da encarnação leva Luísa de Marillac a descobrir a grandeza de todo homem. Para melhor compreender seu sentido, ela relê os primeiros capítulos da Bíblia. A Palavra de Deus a impressiona intensamente: "Façamos o homem a nossa imagem e semelhança"; ela reconhece que "o homem é a obra principal da criação" (LM, p. 842).

Luísa se deslumbra pela liberdade concedida por Deus a todo homem: "Excelência da alma livre" (LM, p. 938), ela exclama. A eterna questão com que o homem se defronta continua presente: o que fazer desta liberdade, orientá-la em direção a Deus e ao próximo ou orientá-la egoisticamente para sua própria realização? No centro da criação o homem se sente semelhante aos outros seres vivos que seguem o instinto da natureza, mas ele se reconhece diferente, já que pode fazer escolhas. Consciente de suas riquezas, o homem escolhe realizar sozinho seu processo de humanização. Querendo ser igual a Deus, ele decide viver sem esse Deus que lhe deu a vida, e pelo pecado rompe a Aliança com Deus.

Luísa admira-se da promessa de Deus: "A bondade de Deus, apiedando-se da natureza humana, prometeu reparar sua falta pela Encarnação do seu Verbo" (LM, p. 918). Essa promessa lhe parece uma nova prova do amor de Deus por sua criatura.

> Meu Deus, quanto amor, quanta inventividade tivestes para dar a conhecer vossa onipotência! Vós quereis que toda criatura esteja de tal forma unida a vós e que caminhe junto com seu Criador, naquilo que lhe concerne (LM, p. 938).

A encarnação do Filho de Deus revela de uma maneira toda particular a grandeza do homem. Jesus Cristo assume totalmente a natureza humana em sua pessoa. Sendo Deus, carrega realmente a marca da nossa humanidade; viveu como todo homem, é da nossa raça. Luísa agradece a Deus: "A união pessoal de Deus no homem, honra toda a natureza humana, fazendo com que Deus a veja em todos, como sua imagem" (LM, p. 898). O mistério de Cristo esclarece a realidade do homem e revela-lhe a extraordinária grandeza da sua vocação.

Apesar de rejeitar Deus, o homem conserva sua total liberdade. Luísa gosta de ler no Evangelho os momentos em que Jesus se revela como um homem livre. Ele "desprezou seu próprio interesse material", procurando somente "favorecer suas criaturas" (LM, p. 812), isto é, o bem de todos aqueles que encontra. Ele não se deixa condicionar pelas reações de seus adversários, pelas suas murmurações. Aceita, sem que isso mude seu comportamento, "as críticas que os judeus lhe dirigiam quando curava os doentes em dia de festa" (LM, p. 927). Livremente, mesmo que surpreenda os apóstolos, dirige-se à samaritana revelando-lhe quão grande é seu amor pela conversão dos pecadores.

Respeitar a liberdade e a dignidade daqueles que se quer servir é exigente. Com frequência ocorre pensar que se sabe por eles, que se pode decidir por eles. Oração e reflexão são indispensáveis antes de toda ação, a fim de discernir bem o que a motiva. Conhecendo o desejo dos camponeses da época de morrer em casa, rodeados por sua família, Luísa insiste com as Irmãs: "não obriguem os doentes a irem ao hospital" (LM, p. 594).

Para ajudar os que são marginalizados a reencontrarem sua dignidade, Luísa de Marillac, firme em sua fé, toma iniciativas audaciosas. Não hesita em abrir os olhos de seus contemporâneos para as situações pouco dignas e mesmo degradantes em que vivem numerosos pobres; torna pública a situação dos galerianos doentes que as Irmãs enfermeiras lhe descrevem.

Luísa não hesita em encorajar uma Filha da Caridade, camponesa, a encontrar a rainha Ana d'Áustria para falar-lhe daqueles que ela serve em Fontainebleau: "Sobretudo não deixeis também de falar-lhe das necessidades dos pobres e com toda a verdade" (LM, p. 280). Ousar mostrar a rainha o que ela não consegue enxergar: o sofrimento, a miséria dos camponeses de suas terras!

Também não hesita durante a Guerra Civil da Fronda remover céus e terras no Natal, para conseguir pão para as crianças abandonadas, e, para isso, escreve ao chanceler Séguier, o mais alto personagem do reino:

> Tomo a liberdade de dirigir-vos estas linhas, já que me é impossível ter a

honra de falar-vos pessoalmente, para levar a vosso conhecimento que cem destas pobres criancinhas não têm pão para passar essas festas. Esta carência oprime meu coração (LM, p. 349).

No século XVII, a opinião pública acha que uma menina não necessita ir à escola, porque está destinada aos afazeres domésticos e à educação dos filhos. Luísa de Marillac reage contra os costumes de sua época: não hesita em pedir às Irmãs das aldeias que se preocupem com as jovens que já trabalham nos campos. Sua educação, especialmente a religiosa, é frequentemente negligenciada por falta de tempo. As atitudes necessárias são esclarecidas:

> É preciso fazê-lo, porém, com mansidão e delicadeza, sem envergonhá-las por sua ignorância, se é que o são (LM, p. 715).

Não envergonhar requer não desprezar, não chocar, mas receber cada criança com respeito e afeição.

Nada segura Luísa de Marillac quando a dignidade daqueles aos quais as Filhas da Caridade servem está em jogo, e engaja as Irmãs neste mesmo jeito de agir. Ela sempre contemplou Jesus em ação junto aos mais pobres de sua época, ousando desafiar as proibições; reza para que cada uma possa estar cheia do mesmo amor que levou o Filho de Deus a vir compartilhar a existência humana.

> Estejam todas cheias de um amor forte que, suavemente, as plenifique de Deus e as lance no serviço dos pobres (LM, p. 92).

Sexto dia

A INACREDITÁVEL HUMILDADE DO FILHO DE DEUS

Não contente de haver-se oferecido para nosso resgate, o Filho de Deus quis realizá-lo vindo a este mundo, não como teria podido fazê-lo, isto é, de maneira mais em consonância com sua grandeza, porém, da mais humilhante forma que se possa imaginar, a fim de que, ó minha alma, tivéssemos mais liberdade para dele nos aproximar, o que devemos fazer com tanto maior respeito, quanto maior é a humildade com que Ele se nos apresenta. Humildade que nos fará reconhecer como em Deus existe tal virtude, já que todas as ações que realiza fora dele estão muito abaixo dele (LM, p. 793).

> Digo-vos, simplesmente, que hei de esperar, em paz, que a graça produza em nós a verdadeira humildade que nos dá o conhecimento de nossa incapacidade e nos leva a confessá-la (LM, p. 108).

A imensidão do amor de Deus se traduz na sua grande humildade.

> Na Divindade transparece uma profunda e verdadeira humildade, motivo de grande confusão para meu orgulho que, em parte, é ignorância, já que em realidade, a humildade é o conhecimento da verdade (...) (LM, p. 792).

Desejando ser conhecido pelo homem, Deus, na plenitude da sua liberdade e de seu poder, vai até o aniquilamento de si mesmo: "E o Verbo se fez carne", diz São João (Jo 1,14). Este mergulho no ser de Deus é contemplação de sua humildade. Deus é humildade.

Luísa descobre durante suas orações todas as manifestações de humildade de Jesus enquanto sua vida terrena. Pelo seu nascimento numa manjedoura "Jesus fez-se criança a fim de facilitar às criaturas o livre acesso até Ele" (LM, p. 812). Ela considera "a humildade vivida por Nosso Senhor em seu Batismo" (LM, p. 813), e meditando sobre o lava-pés na noite da Quinta-feira Santa, constata que Jesus estava interessado em se fazer glorificar por seus apóstolos, mas aceita humilhar-se "até o ponto de lavar-lhes os pés" (LM, p. 813). Para Luísa de Marillac, esta constatação é um convite ardente a ir por um caminho de humildade. "Não pode haver nada que me impeça de humilhar-me ante o exemplo de Nosso Senhor" (LM, p. 813).

Luísa conhece sua tendência a considerar somente seus limites e a distância entre o que ela percebe de si mesma e a que lhe parece que Deus espera dela. "Eu não faço nada que valha", diz sempre. Ela percebe que a humildade requer situar-se na verdade diante de Deus e dos outros. O Evangelho fala dos talentos confiados a cada um e da necessidade de fazê-los frutificar (Lc 19,12). Luísa admira a profunda humildade de Maria e suplica que lhe inspire os mesmos sentimentos que sempre a guiaram.

> Ó Santíssima Virgem, quão admirável é vossa virtude! Eis que sois a Mãe de Deus e, entretanto não vos afastais da humildade e da pobreza. É para confun-

dir nosso orgulho e ensinar-nos a estimar a graça de Deus acima de todas as grandezas do mundo (LM, p. 886).

Pouco a pouco, o comportamento de Luísa se modifica. Ela aceita olhar suas próprias carências e erros sem se culpar, e reconhece os dons que recebeu de Deus.

A humildade implica também saber enxergar, numa atitude de ação de graças, as riquezas do outro e aceitar seus defeitos.

> Renovai-vos no espírito de união e cordialidade que as Filhas da Caridade devem ter, mediante o exercício desta mesma caridade... ele nos leva a não ver as faltas alheias com azedume, mas a desculpá-las, humilhando-nos (LM, p. 357).

A humildade não menospreza o outro, requer que se lhe dê atenção sem considerá-lo como um objeto à sua disposição. Ao contrário, a pessoa humilde aceita descobrir todas as possibilidades do outro e deixá-lo livre para usá-las como quiser. Esse comportamento está na base de toda relação saudável e equilibrada.

A humildade é indispensável à serva. Como encontrar os pobres sem essa atitude que permite olhá-los e deles se aproximar na verdade?

> Oh! Minhas queridas Irmãs! Não basta ter o nome da Filha da Caridade, não basta estar a serviço dos pobres... É preciso ter as verdadeiras e sólidas virtudes que sabeis dever possuir para concretizar essa obra na qual tendes a felicidade de estar. Sem isso, minhas Irmãs, vosso trabalho vos será quase inútil (LM, p. 151).

Se as servas buscassem no serviço somente o seu interesse ou os louvores dos que as cercam, elas o desfigurariam.

É importante adquirir a competência necessária para o cuidado dos doentes e para a educação, assim como não se envaidecer do conhecimento adquirido. Algumas vezes, Luísa se inquieta com o comportamento de algumas Irmãs:

> Mas a propósito da humildade... Que o costume de tratar dos doentes e aquilo que aprendestes com os médicos não vos tornem afoitas, nem com ares de entendidas, para não prestardes atenção

ao que os médicos prescrevem ou a não obedecerdes às ordens que vos possam dar (LM, p. 218).

Ela se interroga como interroga as Irmãs: "Que temos que não nos tenha sido dado? E que sabemos que não nos tenha sido ensinado?" (LM, p. 218).

Luísa ensina as Irmãs que a humildade conduz a uma liberdade real na ação; ela evita o desencorajamento diante das críticas ou dos possíveis fracassos. "O que deveis fazer, em meio a todas essas pequenas divergências, é ser muito humilde, ter grande cuidado para que não vos possam acusar de arrogante ou autossuficiente" (LM, p. 663).

A humildade não é falta de coragem que, sob o álibi da fraqueza, não se propõe a realizar algo grande. Não é a pequenez ou o rigor do serviço que definem a humildade, mas o não apoiar-se em sua própria segurança. Toda ação caritativa, escreve Bento XVI, é uma graça e não um poder. Ela requer uma verdadeira humildade. "Quem se acha em condições de ajudar há de reconhecer que, precisamente deste modo, é ajudado ele próprio também; não é mérito seu nem título de glória o fato de poder ajudar. Essa tarefa é graça. Quanto mais alguém trabalhar pelos outros, tanto melhor ... ele reconhece que age, não em virtude de uma superioridade ou uma maior eficiência pessoal, mas porque o Senhor lhe concedeu este dom" (DA n. 35).

A humildade é uma virtude difícil e complexa. Ela requer ao mesmo tempo reconhecer as riquezas pessoais e exige que o "eu" não ocupe todo o espaço. Luísa suplica ao Senhor que lhe ensine a ir por este caminho da humildade.

> Hei de entrar na prática da humildade interior para honrar a verdadeira e real humildade que existe em Deus mesmo e na qual encontrarei força para abater meu orgulho e vencer minhas frequentes impaciências, assim como para adquirir a caridade e a mansidão para com o próximo, honrando assim o ensinamento de Jesus Cristo ao dizer que devemos aprender dele que é manso e humilde de coração (LM, p. 794).

Sétimo dia

A INFINITA MISERICÓRDIA DE DEUS

Adoro-vos, ó meu Deus, e reconheço haver recebido de vós minha conservação; e pelo amor que vos devo, abandono-me inteiramente às disposições de vossa santa vontade: e, apesar de cheia de fraquezas e de motivos de humilhação por meus pecados, confio-me à vossa misericórdia e vos suplico, pelo amor que tendes às vossas criaturas, a assistência de vosso Espírito Santo, para o total cumprimento do vosso desígnio (LM, p. 788).

Durante a leitura e a meditação do Evangelho, Luísa de Marillac contempla o olhar do Cristo, pleno de ternura e de compaixão para todos que encontra: a viúva que acompanha o velório de seu filho, a cananeia e a samaritana.

> Nosso Senhor, faz transparecer um amor maior pela conversão dos pecadores. No seu encontro com a samaritana, o lugar, as palavras não respiram senão amor (LM, p. 793).

O "tenho pena desta multidão" pronunciado por Jesus, diante dos homens e das mulheres que o seguiam há três dias sem mais nada para comer, ressoa nela. Luísa contempla também Jesus, que escuta os dois cegos que gritam em direção a ele. "Tomado de compaixão, Jesus tocou-lhes os olhos" (Mt 20,32-34). Todos os relatos evangélicos fazem-na perceber uma atitude de grande atenção à pessoa; a enfermidade e a desesperança são levadas em consideração. Ela descobre e compreende a misericórdia de Deus, o amor que vai ao encontro do outro no mais profundo do seu ser, e é capaz de mostrar confiança muito além do que o ser humano pode esperar.

Luísa, que frequentemente se julga pobre e miserável, implora ao Senhor que exerça sua misericórdia:

> Vós quereis, ó meu Deus, ensinar-me o meio de receber vossa assistência em minhas necessidades (...) devo reconhecer a verdade de meu nada e de todas as minhas misérias para atrair a enormidade de vossa misericórdia (LM, p. 890).

Pouco a pouco, uma evolução se opera nela. Ela compreende o quanto Deus a convida a aceitar-se com seus limites e suas qualidades. A descoberta da misericórdia de Deus tem conexão estreita com o reconhecimento do seu pecado. O reconhecimento do seu pecado não a perturba mais, porque ela acolhe a imensa bondade de Deus que sem cessar perdoa e chama ao amor.

> Ah, meu Deus! Como tenho motivos para reconhecer e confessar que nada que faço vale a pena! Entretanto, meu coração não se enche de amargura, embora tenha motivos para temer que a misericórdia de Deus se canse de exercer-se numa pessoa que sempre lhe desagrada (LM, p. 150).

Acolhendo a confiança extraordinária que Deus nela deposita, Luísa pode proclamar: "Bendito seja Deus, o Pai de nosso Senhor Jesus Cristo. Em sua grande misericórdia, (...) ele me fez renascer" (1Pd 1,3). Humildemente, ela se propõe: "Confiando na infinita misericórdia de meu Deus, eu me decido, de modo irrevogável, servi-lo e amá-lo com mais fidelidade" (LM, p. 782).

Já que Deus lhe concedeu a graça de encontrar e compreender sua infinita misericórdia, Luísa de Marillac esforça-se para conduzir as Filhas da Caridade a esta mesma descoberta. Quando alguém toma consciência de que é pecador, a face misericordiosa de Deus lhe é revelada. É frequentemente por ocasião do pecado e do perdão recebido que o cristão percebe o mistério da ternura de Deus.

Sensível às penas interiores que uma Irmã sofria, Luísa de Marillac pede-lhe que não se compraza nelas:

> Rogo-vos que procureis esquecê-las, ao invés de alimentá-las. Nosso inimigo mortal, o diabo, aproveita com frequência, tais ocasiões para insuflar-nos esses desgraçados pensamentos e seu fim principal é que, sem que o suspeitemos, nos enfraqueçamos no serviço de Deus (LM, p. 90).

Madalena, a Irmã responsável pela comunidade do hospital de Angers, não soube suportar ser contestada sem reagir violentamente. Seu comportamento criou um mal-estar na comunidade. O sentimento de culpa que invadiu seu coração não lhe permite reencontrar a paz. Luísa a aconselha a ousar olhar de frente seu erro:

> Como, querida Irmã, poderíamos pensar que ninguém jamais pudesse contradizer-nos? Pensamos que todos devem acatar nossa vontade, e estão obrigados a achar bom tudo que fazemos ou dizemos? (LM, p. 151).

É bom reconhecer os próprios erros, mas não é preciso aumentá-los nem exagerar suas lamentáveis consequências. Luísa convida Margarida, sobretudo, a não deixar que a amargura invada seu espírito: "Devo dizer-vos que não creio que o mal seja tão grande como me apresentastes. Não olheis com amargura para tais faltas" (LM, p. 151).

Fortalecida por sua experiência pessoal, ela ensina às Irmãs a acolherem a bondade de Deus na qual confia de maneira infatigável. "Espero da bondade divina que todas as pequenas desavenças ocorridas, sirvam para aperfeiçoar-nos" (LM, p. 228).

Jesus partilhou a miséria dos homens. As Filhas da Caridade comprometem-se a seguir seu exemplo. "À imitação de Nosso Senhor, tenham grande compaixão pelos pobres doentes que sofrem muito, sem assistência" (LM, p. 927). A misericórdia de Deus não conhece limite.

Para que a ação caritativa se torne manifestação dessa ternura misericordiosa, é preciso ter visto com seus próprios olhos e sentido no mais profundo de suas entranhas o sofrimento do outro. A compaixão não pode permanecer passiva; deve provocar ações concretas. O evangelho do bom samaritano é um exemplo muito forte disso. O samaritano, depois de ter visto o homem ferido, cuida dele, coloca-o em sua montaria e o conduz a uma hospedagem. A ação concreta que esta compaixão suscita revela a atenção dirigida à pessoa.

> Temos de ter, continuamente, diante dos olhos, o nosso modelo que é a vida exemplar de Jesus Cristo, cuja imitação somos chamadas não somente como cris-

tãs, mas também por termos sido escolhidas por Deus para servi-lo na pessoa de seus pobres.

Peçamos a Deus, umas pelas outras, para que sua misericórdia derrame sobre nós suas bênçãos de graça e de luz para que possamos glorificá-lo eternamente (LM, p. 298).

Oitavo dia

FAZER-SE POBRE ENTRE OS MAIS POBRES

Em nome de Deus, minhas queridas Irmãs, não desanimeis por causa dos sofrimentos, nem por pensar que não tendes outra consolação senão a de Deus. (...) Ora, vedes uma quantidade de misérias que não podeis socorrer; Deus as vê também... Carregai com o povo seus sofrimentos, fazendo o possível para ajudá-lo em alguma coisa, e permanecei em paz. Talvez tenhais também a vossa parte de privações; e essa será vossa consolação, porque, se estivésseis na abundância, vossos corações não poderiam suportá-la, vendo sofrer tanto os nossos Senhores e Mestres! (LM, p. 450).

O serviço dos pobres realizado por Luísa de Marillac e as Filhas da Caridade é a expressão de seu projeto de vida, de sua decisão de seguir Cristo, de manifestar a profunda misericórdia de Deus por todos aqueles que sofrem. É necessário unir o amor de Deus ao trabalho junto aos pobres: "Nós servimos Jesus Cristo na pessoa dos pobres" (LM, p. 358).

No evangelho do juízo final (Mt 25,31-45), Jesus deixa clara sua identificação com o pobre; ele se dá a conhecer na relação com os pobres e oprimidos. Durante sua oração, Luísa se detém, com surpresa e admiração na santa humanidade de Jesus.

> Minha oração contemplou demoradamente a humanidade santa de Nosso Senhor, com desejo de honrá-lo e imitá-lo o mais que eu possa na pessoa dos pobres e de todo o meu próximo (LM, p. 940).

Luísa se maravilha com a humildade de Jesus que se identifica com o mais pobre. Ele aceita permanecer no mundo e receber sinais de atenção e de compaixão, reconhecendo como feito a ele mesmo o que será feito ao menor dos seus irmãos.

> Jesus nos ensinou a caridade para suprir a incapacidade em que nos achamos de prestar serviço a sua pessoa. Isso penetrou em meu coração de modo especial e muito profundo (LM, p. 940).

Quando o relacionamento com os pobres perde sua qualidade, Luísa de Marillac convida as Irmãs a se interrogarem sobre suas motivações:

> Onde estão a doçura e a caridade que deveríeis ciosamente conservar para com nossos queridos amos, os pobres doentes? Se nos afastamos, por pouco que seja, da lembrança de que eles são membros de Jesus Cristo, isso fará, infalivelmente, que essas belas virtudes diminuam em nós (LM, p. 134).

Ainda que insistindo na garantia evangélica – "Foi a mim que o fizestes" – Luísa desconfia de uma tendência que ameaça tomar corpo: o perigo de um espiritualismo, de um amor intimista com Deus, sem relação e sem incidência na vida concreta. O amor de Deus não pode limitar-se a uma simples vivência espiritual, por mais intensa que seja. Jesus Cristo é o Deus encarnado. Apesar de seu sofrimento, da violência, do medo, da revolta, da incredulidade, o pobre deve perceber que é reconhecido no seu ser, e que a atenção é dirigida a ele enquanto pessoa.

> Em nome de Deus, minha querida Irmã, pensai sempre que não basta que nossas intenções sejam boas, nossas vontades inclinadas ao bem, e fazer o bem unicamente por amor de Deus, porque quando recebemos o mandamento de amar a Deus com todo o nosso coração, recebemos também o de amar nosso próximo. Por isso é necessário que todo o nosso ser exterior o edifique (LM, p. 495).

O olhar de fé que orienta a ação missionária, não pode provocar o esquecimento da realidade concreta do pobre. Ele não é um substituto de Jesus Cristo.

Todo serviço comporta exigências e encontra múltiplas dificuldades. A impossibilidade de levar conforto real àqueles que sofrem, torna-se um tormento. Durante a Guerra Civil da Fronda, o desencorajamento atingiu as Irmãs, pois a miséria era muito grande e os refugiados procuravam socorro em vão. Luísa propõe-lhes comungar com o sofrimento dos pobres:

A leitura de todos os sofrimentos e calamidades ocorridos em Angers causou-me profunda pena por tudo o que os pobres terão que sofrer. Suplico à divina bondade que os console e lhes dê o socorro de que necessitam. Também vós, minhas queridas Irmãs, experimentastes grandes dificuldades. Pensastes que era justo que as servas dos pobres sofressem com seus amos? (LM, p. 444)

As Irmãs são convidadas a acolher sua própria impotência, a partilhar humildemente no mais profundo do seu ser a desesperança dos pobres.

Qualquer que seja o serviço, deve permitir que os pobres e os excluídos falem e sejam escutados; que eles possam partilhar suas angústias, seus medos, suas buscas. O pobre é essencialmente aquele a quem não se escuta. Ele recobrará sua dignidade humana, seu equilíbrio físico e psicológico somente numa verdadeira relação pessoal.

Começar um novo serviço requer tempo para descobrir e compreender o que o pobre reconhece como essencial para melhorar sua própria vida. Aquele que vai trabalhar com o pobre não pode impor o que sempre foi feito. A rotina é ruim, porque não é sinal de uma verdadeira atenção àquele que espera um gesto.

> Em se tratando de vossa conduta junto aos doentes, que ela não seja negligente, mas cheia de afeto, informando-vos particularmente de suas necessidades (LM, p. 885).

Luísa aconselha a uma Irmã que tem pressa de agir, a começar "conhecendo as necessidades dos pobres" (LM, p. 697) da cidade onde ela acaba de chegar. Propõe-lhe olhar o comportamento de Jesus. Ele escuta antes de agir. Ao cego sentado à beira do caminho para Jericó que gritou para ele, Jesus pergunta: "Que queres que eu te faça?" (Lc 18,41). Ele ouve a súplica de Jairo: "Minha filhinha vai morrer. Vem, impõe as mãos sobre ela" (Mc 5,23). "Não tenho ninguém que me leve à piscina" constata o paralítico (Jo 5,7). A escuta é exigente, leva a situar-se na verdade, obriga a uma aceitação dos próprios limites e dos limites dos outros.

Para responder as carências é necessário competência. A formação é exigente, é indispensável. É sinal de respeito para com aqueles que são cuidados, educados etc. O exemplo de Nosso Senhor "que consumiu suas forças e sua vida, no serviço do próximo" (LM, p. 614) é um apoio para as Irmãs que experimentam dificuldades nesse aprendizado. Desde a fundação da Companhia, Luísa organiza cada dia de maneira que as Servas dos Pobres tenham tempo para aprender a ler, aprofundar sua fé e serem iniciadas no cuidado dos doentes:

> De volta para casa, põem-se a trabalhar, leem para aprender e depois recapitulam os principais pontos da doutrina, em forma de catecismo; leem alguma passagem do Santo Evangelho para estimular-se à prática das virtudes e ao serviço do próximo, à imitação do Filho de Deus (LM, p. 834).

Formação humana, profissional e formação espiritual são inseparáveis.

A fim de atender as múltiplas necessidades da época, as Filhas da Caridade se comprometem com serviços bem diversos: os doentes, as populações devastadas pela guerra, os galerianos e as crianças abandonadas. Como Vicente de Paulo,

Luísa insiste muito sobre a importância de não ir a lugares onde outros já estão ajudando. "As Filhas da Caridade não são senão para os doentes abandonados que não têm ninguém para cuidar deles" (Doc, p. 933). Permitindo que os marginalizados e excluídos da sociedade saiam de seu isolamento e superem sua desesperança, elas os ajudam a encontrar uma vida digna.

Consciente das exigências que todo compromisso com o serviço dos pobres requer, a oração de Luísa implora humildemente:

> Senhor, que sua humanidade santíssima seja o único modelo de minha vida (LM, p. 794).

Nono dia

AMAR É PRIMEIRO RESPEITAR

Em nome de Deus, queridas Irmãs, sede muito afáveis e bondosas com vossos pobres. Sabeis que são nossos mestres a quem devemos amar com ternura e respeitar profundamente. Não basta termos isso na memória, mas é preciso demonstrá-lo por nossos serviços caridosos e afáveis (LM, p. 365).

Rogo à comunidade renovar a coragem de servir a Deus e aos pobres com mais fervor, humildade e caridade, do que nunca (LM, p. 678).

A contemplação da santa humanidade de Jesus Cristo revela as atitudes fundamentais que devem inspirar os que se engajam nas obras de caridade. Luísa de Marillac as resume numa curta expressão: "amar com ternura e respeitar profundamente". Sem o respeito, a caridade arrisca tornar-se maternalismo e, algumas vezes pode ser sentida como opressora; o respeito sem a caridade provocará um distanciamento que pode ser percebido como arrogância.

A caridade é a capacidade inesgotável de atenção aos mais pobres da sociedade. Ter por nome "Filha da Caridade" é um apelo constante a não contradizê-lo e a viver como serva: "A lembrança da condição de servas dos Pobres é muito necessária às Filhas da Caridade para as manterem fiéis a seu dever" (LM, p. 520).

A caridade é tão rica, tão complexa que pode ser expressa por várias palavras: mansidão, ternura, cordialidade, bondade, afeição, devotamento. "Pensai, sobretudo, queridas Irmãs, que, como servas dos pobres, lhes deveis grande mansidão, paciência e cordialidade" (LM, p. 360). Luísa não receia insistir: "Continuai servindo nossos queridos Mestres, com grande mansidão e cordialidade" (LM, p. 481).

Bento XVI exprime o mesmo pensamento com outras palavras:

> Os seres humanos... têm necessidade de humanidade, precisam da atenção do coração. Todos os que trabalham nas instituições caritativas da Igreja devem distinguir-se pelo fato de que não se limitam a executar habilidosamente a ação conveniente naquele momento, mas dedicam-se ao outro com as atenções sugeridas pelo coração, de modo que ele sinta a sua riqueza de humanidade (DA, n. 31 a).

Luísa de Marillac associa o respeito à caridade. Para ela, estas duas virtudes não podem caminhar uma sem a outra. Respeitar alguém é reconhecê-lo na sua individualidade, na sua originalidade. A acolhida do pobre ferido na sua humanidade só é possível se, para além de seu exterior desfigurado, ele é descoberto e reconhecido com toda a sua dignidade. Essa dignidade é tão grande que o Cristo veio reafirmá-la. A serva dos pobres não pode esquecer esse mistério do amor de Deus.

Luísa pede às Irmãs que cuidam dos doentes para terem gestos que mostrem o profundo respeito por eles. Ela insiste sobre os cuidados elementares de higiene, ciência ainda bem pouco desenvolvida no século XVII, e não hesita em recomendar-lhes gestos não habituais nas famílias pobres.

> Não sei se tendes o hábito de lavar as mãos dos pobres; se não, acostumai-vos a fazê-lo (LM, p. 375).

> Usais lençóis nas camas dos doentes? Conservai-os limpos? (LM, p. 210).

Respeito e ternura são exigidos para todos que sofrem, seja qual for sua idade, sua situação, sua privação. Joana Francisca, Filha da Caridade encarregada de um orfanato em Étampes, recebe esse encorajamento:

> Continuai a servir os pobres com cordialidade e mansidão e senti grande alegria em instruir da melhor forma possível essas criaturinhas, para que possam louvar a Deus e glorificá-lo eternamente (LM, p. 480).

Luísa não ignora que o serviço dos doentes é algumas vezes muito difícil, que as Irmãs experimentam grandes alegrias, mas recebem também censuras e algumas vezes injúrias.

Quaisquer que sejam aqueles que recebem seus cuidados, crianças, doentes, galerianos, soldados feridos, as Irmãs são incessantemente convidadas a desenvolver uma atitude de respeito e cheia de compaixão.

> Louvo a Deus, de todo o meu coração, pelos desígnios de sua Providência, sobre todas as coisas, e, em especial, pelo trabalho que sua Bondade vos dá. Espero que o reconhecimento que tereis por isso, vos sirva de preparação às graças de que necessitais para servir os pobres doentes, em espírito de mansidão e grande compaixão, à imitação de Nosso Senhor que assim tratava os mais desagradáveis (LM, p. 495).

O respeito se aplica a toda pessoa, os ricos e os pobres.

> Nossa vocação de servas dos pobres nos adverte que devemos respeito e consideração a todo mundo: aos pobres, por serem os membros de Jesus Cristo e nossos senhores, e aos ricos para que nos proporcionem meios de fazer o bem aos pobres (LM, p. 533).

Ao dar essa explicação, Luísa de Marillac leva em consideração o contexto socioeconômico: o dinheiro está nas mãos dos ricos. Respeitar os ricos é também respeitar os pobres, pois assim aqueles que têm dinheiro ousarão doar para aqueles que nada têm. Além desse aspecto bem concreto, as Irmãs devem reconhecer que a primeira Bem-Aventurança: "Felizes os pobres no espírito" (Mt 5,3), diz respeito a todo cristão seja qual for a sua situação. A pobreza interior é a condição necessária para entrar no reino dos céus, nos diz Jesus.

Ser serva dos pobres, ter a "obsessão pelo pobre", por aqueles que não encontram seu lugar na sociedade, é aceitar viver com eles um verdadeiro intercâmbio para ajudá-los a se reconhecerem como pessoas e como cidadãos plenos. Todos que servem os pobres sabem da importância de revivificar todo dia o apelo de Deus para servi-lo: "Reaviva o carisma que Deus te concedeu Pois Deus não nos deu um espírito de covardia, mas de força, de amor" (2Tm 1,6-7). O Cristo desfigurado, ridicularizado, maltratado é o ícone do Pobre, a imagem de todos os pobres que elas encontram.

É na oração e na contemplação de Jesus Cristo que as Irmãs haurirão a força e a coragem para realizar sua missão juntos aos mais desfavorecidos:

> Como seria razoável que aquelas a quem Deus chamou para seguir seu Filho tentassem transformar sua vida num prolongamento da sua! (LM, p. 421).

> Ajudai-vos o mais que puderdes com os exemplos de Nosso Senhor que consumiu suas forças e sua vida no serviço do próximo (LM, p. 614).

Décimo Dia

VIVER JUNTAS A MISSÃO

Lembrar-se-ão de que as verdadeiras Filhas da Caridade para cumprirem o que Deus lhes pede, devem ser como uma só e porque a natureza corrompida nos despojou dessa perfeição, separando-nos pelo pecado de nossa unidade que é Deus, devemos, a fim de assemelhar-nos à Santíssima Trindade, não ser mais que um coração e agir somente com um mesmo espírito, tal como as três Divinas Pessoas.

Assim, quando a Irmã que trabalha com os doentes pedir auxílio à sua Irmã, a Irmã da instrução das crianças não deixará de ajudá-la. Igualmente, se a que é encarregada das meninas recorrer à dos pobres, esta fará o mesmo, julgando um e outro emprego como de Deus e ambas considerando-se escolhidas pela Providência para trabalharem de comum acordo e unidas (LM, p. 882).

Para anunciar a Boa-Nova ao mundo, Jesus não se dirigiu a um homem sozinho, mas escolheu um pequeno grupo de Apóstolos. A atitude de Paulo, indo encontrar Pedro e os irmãos em Jerusalém, revela que ele compreendeu a importância da Igreja, do apoio que um dá ao outro, do discernimento realizado em conjunto.

Quando Vicente de Paulo começa o serviço dos pobres a domicílio, ele o faz com um grupo de mulheres. Elas assumem juntas a responsabilidade dessa nova missão, e garantem a continuidade do serviço dividindo as tarefas. Esse trabalho em grupo dá segurança aos que são visitados, pois sabem que serão socorridos todos os dias. A multiplicação das Confrarias em várias cidades e vilas mobilizou um número cada vez maior de Damas da Caridade, que serão rapidamente ajudadas pelas Filhas da Caridade. Padres da Missão e administradores entrarão também nesse movimento de ajuda aos desfavorecidos.

Ninguém pode apropriar-se da missão, explica Luísa de Marillac às Filhas da Caridade. O serviço confiado não é propriedade de uma só pessoa. No projeto de vida escrito para duas Irmãs que iam para um hospital, uma para cuidar dos doentes e a outra para se ocupar mais particularmente das crianças recolhidas, Luísa insiste: "Sobretudo, serão muito atentas em não fazer como coisa particular (sozinhas), as obras nas quais Deus nos dá a honra de empregar-nos" (LM, p. 882). Essa missão comum junto aos pobres exige estudar juntas os apelos ouvidos e as necessidades reconhecidas e verificar a pertinência das ações empreendidas.

O trabalho em comum ou em comunidades requer que cada um dos membros contribua com o seu melhor. Os Apóstolos escolhidos por Jesus perceberam rapidamente essa necessidade: problemas de sucessão, de autoridade, dificuldades de temperamento, incompreensão do comportamento de alguns. Luísa de Marillac terá que intervir para regular o funcionamento do grupo, para facilitar as relações entre as diferentes pessoas. Se viver juntas a missão requer uma partilha das realidades da vida, Luísa explica que ele exige também um trabalho interior de despojamento, de descentramento de si.

A reflexão conjunta sempre faz aparecer as diferentes visões de uma mesma situação. Como evitar o enfrentamento, como ousar falar sem suscitar imediatamente uma oposição? A maneira de trabalhar e de se relacionar com os doentes pode ser uma fonte de incompreensão e de conflitos. Alguns doentes e algumas crianças vão preferir esta ou aquela pessoa, dirão a Luísa. Mal-estar e ciúmes são reações que podem surgir no meio do grupo.

Luísa de Marillac não hesita em propor às Irmãs a contemplação da vida das três pessoas divinas no seio da Trindade. Exorta-as a viverem numa profunda comunhão e a se comprometerem pessoalmente numa escolha livre e consciente: "Devemos, para assemelhar-nos à Santíssima Trindade, não ser mais que um coração e agir somente com um mesmo espírito, tal como as três Divinas Pessoas" (LM, p. 882). Não ser mais que um só coração significa estar unidas por uma profunda afeição, uma amizade real. Agir com um mesmo espírito significa estar unidas por uma mesma inspiração, um mesmo dinamismo. É reconhecer que se Deus dirige a cada uma um chamado particular, Ele o faz em vista de uma mesma vocação, de uma mesma missão: ser sua serva, servi-lo nos pobres.

Para manter essa união, Luísa fala sempre de "suporte". Ela sabe que toda construção necessita de uma fundação sólida. A palavra atual "apoiar" (utilizada, por exemplo, numa equipe de futebol) permite compreender melhor o sentido da palavra "suporte" empregada no século XVII. São "apoiadores" aqueles que encorajam os outros, que os acompanham e apoiam durante um momento difícil.

> Precisais de uma grande união entre vós, que vos fará suportar uma à outra... quando virdes defeito uma na outra, sabereis escusá-lo (LM, p. 134).

Para Luísa o suporte está na base da união comunitária.

Ela insiste também sobre outro aspecto do mistério: a diversidade das pessoas. "Honrem a unidade da divindade na diversidade das Pessoas da Santíssima Trindade" (LM, p. 330). Mesmo quando um casal é muito unido, os esposos aprendem a respeitar-se na sua individualidade. Os membros de um mesmo grupo, reunidos para uma obra comum são levados a reconhecer a personalidade um do outro e a respeitá-la.

No hospital de Angers, as Damas da Caridade visitam os doentes. Durante suas visitas distribuem um pequeno lanche e pedem para serem acompanhadas por uma Irmã que conheça bem os doentes. As Irmãs acham que este acompanhamento as faz perder tempo e desejam pura e simplesmente suprimir a vista destas Damas. Luísa propõe-lhes refletir juntas. Qual é o bem que elas têm em vista: o delas, o dos doentes ou o das Damas? Será que elas pensam que só o trabalho delas é bom? Será que respeitam a dedicação das Damas e a alegria dos doentes ao receber visitas? Aceitar a diferença do outro é uma maneira de construir a si mesmo, conhecer-se com mais precisão, não para orgulhar-se, mas para reconhecer em si mesmo, com simplicidade, os dons de Deus.

No Deus-Trindade a igualdade das três pessoas revela a bondade do Amor Divino. Este amor exige renunciar a ambição de poder tanto quanto a abdicação ou o desejo inconsciente de ser controlado por outros. A igualdade das pessoas divinas é apelo à harmonia entre todos.

> Uni-vos por uma comunicação sincera de pensamentos, palavras e ações; tudo isso para que honreis a verdadeira unidade na distinção das três pessoas da Santíssima Trindade (LM, 794).

Acolher a complementaridade compromete a receber, de maneira favorável, a opinião do outro ou dos outros como um complemento ao seu próprio ponto de vista. Luísa aconselha a cada Irmã aprender a apresentar o próprio parecer com muita humildade: "Em meio a todas essas pequenas divergências, sede muito humildes, tende muito cuidado, para que não possam acusar-vos de arrogância ou autossuficiência" (LM, p. 663).

Servir junto num grupo requer saber superar as divergências. Para isso é indispensável ter clareza da finalidade da ação empreendida. Luísa gosta de rezar pedindo a Deus que a finalidade de todo serviço seja respeitada:

> Que saibamos primeiramente, buscar a Deus e sua glória e depois, o interesse das pessoas com as quais devemos trabalhar, para melhor servi-las segundo a disposição de seu espírito (LM, p. 881).

Décimo primeiro dia

A SANTIDADE NA SIMPLICIDADE

Louvei a Deus pelas graças que vos concedeu e lhe pedi que saibais esquecer de vós mesmas e mortificar o desejo de vossa própria satisfação que, em vós se oculta sob a aparência enganadora de buscar uma maior perfeição. Muito nos enganamos quando nos acreditamos capazes dessa perfeição e mais ainda quando pensamos poder adquiri-la por nossos próprios meios e por nosso olhar contínuo ou exatidão em reconhecer todos os movimentos e disposições de nossa alma. É bom uma vez ao ano aplicar-nos atentamente a esse exame de consciência, com desconfiança de nós mesmas e constatação de nossa insuficiência. Porém, atormentar continuamente nosso espírito, para esquadrinhar e levar em conta todos os nossos pensamentos, é tarefa inútil, para não dizer perigosa. Digo-vos o que a mim me falaram, há algum tempo.

Rogo-vos, querida Irmã, ajudar-me com vossas orações como vos ajudarei com as minhas, para que possamos alcançar de Deus a graça de caminhar pelas vias de seu santo amor, com toda simplicidade, na verdade, sem complicações, temendo assemelhar-nos a algumas pessoas que, em vez de enriquecer-se, arruínam-se, de tanto buscar a pedra filosofal (LM, p. 590-591).

"Sede, portanto, perfeitos como o vosso Pai celeste é perfeito" (Mt 5,48), diz Jesus aos que o acompanhavam. Como compreender este chamado a perfeição? Os espirituais do século XVII se debruçaram sobre esta questão e leram livros sobre esse tema, tais como *O Caminho de Perfeição* de Teresa d'Ávila, *A Regra da Perfeição* de Bento de Canfield. A seu exemplo, Luísa se interroga. Inspirando-se numa passagem do livro *Introdução à Vida Devota* de Francisco de Salles, ela deseja, "como cristã e católica, ser uma mulher devota" (LM, p. 787). Durante os primeiros anos de sua viuvez, organiza um regulamento de vida muito exigente que contém uma lista de orações, meditações e períodos de jejum. Com a ajuda de Vicente de Paulo, ela compreenderá que ali não está a perfeição!

Em seus retiros, ela contempla "a infinita perfeição de Deus" (LM, p. 793). Não teme dizer a Deus: "Devo aprender a ter grande confiança e segurança em vossa bondade: numa palavra, que me dareis vosso santo amor, mas é preciso que eu trabalhe e vos escute" (LM, p. 793). Luísa sabe que Jesus mostra o caminho da perfeição. Pedro o confirma na sua primeira carta: "Aquele que vos chamou é santo, tornai-vos santos, também vós, em todo o vosso proceder" (1Pd 1,15).

Luísa de Marillac esforça-se em ajudar as Filhas da Caridade a progredir nesse caminho de perfeição. Como todos os cristãos, elas são convidadas a deixar crescer nelas o amor a Deus e ao próximo. "Sois chamadas por Deus para empregar todos os vossos pensamentos, palavras e ações em sua glória e assim nada fazer contra seus mandamentos e para vos aperfeiçoar na prática de seus conselhos" (LM, p. 720).

Entretanto, o caminho a ser percorrido revela-se cheio de obstáculos. Muitas experimentam a desolação em virtude da lentidão de seu progresso e desanimam. Luísa adverte que a perfeição não é "um exame sofrido de tudo que se passa em nosso espírito. Isso, muitas vezes acaba em virtude imaginária, gera mau humor, e leva finalmente ao desgosto pela sólida virtude. (...) A perfeição não consiste nisso, mas na sólida caridade" (LM, p. 678).

As ações mais simples da vida cotidiana não atrapalham o progresso espiritual, pelo contrário, são frequentemente o lugar no qual Deus se manifesta:

> Para vos aperfeiçoar segundo os desígnios de Deus, todas as ações de vossa vida podem servir-vos, até mesmo as que aparentemente vos afastariam dessa íntima união com Deus, pela qual mostrais tanto ardor. Frequentemente esta união se opera em nós e sem nós, na maneira que só Deus conhece e não como queremos imaginá-la (LM, p. 584).

O perigo do perfeccionismo existe: ele pode ser reconhecido, frequentemente, por uma tensão contínua do espírito que deseja fazer tudo com perfeição. Esse desejo é ilusório porque provém de uma busca de satisfação pessoal e do desejo de ver reconhecido o progresso rumo à santidade! Luísa esforça-se para fazer uma Irmã compreender seu erro de interpretação.

> Muito nos enganamos quando pensamos poder adquirir a perfeição por nossos próprios meios e por nossa vigilância ou exatidão em reconhecer todos os movimentos e disposições de nossa alma (LM, p. 591).

Outras Irmãs, querendo convencer a si mesmas que estão progredindo no caminho da perfeição, recorrem a todo tipo de mortificação: jejuns, longas orações, penitências de todo tipo... Luísa, que no passado experimentou essa mesma propensão, chama a atenção da jovem Laurence para que ela não se deixe levar pela ilusão:

> Parece-nos, às vezes, que gostaríamos de entregar-nos a duras penitências, a devoções extraordinárias, e não nos damos conta de que nosso inimigo se alegra em ver como nosso espírito se entretém com vãos desejos, enquanto negligenciam a prática das virtudes ordinárias nas ocasiões que, a todo momento, se apresentam (LM, p. 548).

Pacientemente, Luísa conduz as Irmãs por um caminho de simplicidade, ensinando-lhes fazer o que ela mesma tenta: desvencilhar-se de tudo o que nelas se opõe à perfeição da caridade.

> Tomemos, pois, todas juntas, a firme resolução de desfazer-nos de nossos próprios julgamentos e vontade própria, de nossa preguiça, de nossa rispidez e, sobretudo, de nosso orgulho que é quase sempre, a fonte de todas as nossas imperfeições (LM, p. 151).

A santidade não se mede. Ela é a expressão da intensidade do amor que se manifesta especialmente na caridade ao próximo. "Exercitai-vos na doçura, na paciência, vencendo todas as contradições que encontrardes. Tende um grande coração que não acha nada difícil, pelo santo amor de Deus" (LM, p. 162). Paulo insiste com os colossenses: "Revesti-vos do amor, que é o vínculo da perfeição" (Cl 3,14).

Luísa encoraja as Irmãs a viverem essa caridade o tempo todo e em todos os lugares apesar dos diversos obstáculos que podem aparecer.

> Renovai-vos, pois, minhas queridas Irmãs, em vosso primeiro fervor e começai pelo desejo sincero de agradar a Deus, recordando-vos que Ele vos conduziu por sua Providência ao lugar onde vos encontrais e vos colocou juntas para vos ajudardes, mutuamente a adquirir a perfeição (LM, p. 134).

O Concílio Vaticano II confirmará "que os cristãos de qualquer estado ou ordem, são chamados à plenitude da vida cristã e à perfeição da caridade. Na própria sociedade terrena, a santidade promove um modo de vida mais humano" (LG, n. 40).

Com toda confiança, Luísa ousa pedir a Deus que conceda as virtudes divinas a ela e a todas aquelas que procuram seguir Jesus.

> Testemunhando o amor que tendes por nós, vós nos orientastes por vosso Filho que nos tornássemos perfeitos como vós mesmo sois perfeito. (...) Espero de vossa bondade, que nos fareis participar das virtudes que estão essencialmente em vós (LM, p. 809).

Décimo segundo dia

MARAVILHAR-SE COM A EUCARISTIA

Devemos buscar ver em Deus que motivo poderia ter para essa ação tão admirável e incompreensível para os sentidos humanos, e como não poderemos encontrar outro, senão seu puro amor, devemos com atos de admiração e amor, dar glória e honra a Deus em agradecimento por essa amorosa invenção para se unir a nós.

Recebamos este augusto Sacramento como nosso Deus, nosso Rei e nosso Esposo, fazendo atos de adoração, dependência, confiança e total abandono do que somos. Supliquemo-lhe tomar inteiramente posse de nós, unindo-nos como a nosso esposo inteiramente à sua vontade, fazendo muitos atos de amor, considerando os motivos que nele há para suscitar nosso amor, sobretudo o de sua presença

> real em nosso peito e estarmos atentas ao que lhe aprouver operar em nós, embora não o vejamos (LM, p. 943).

Luísa de Marillac nos arrasta na sua admiração por esta extraordinária invenção da Eucaristia. Quando sua hora se aproxima, Jesus encontra uma maneira de prolongar sua permanência na terra.

> O Filho de Deus não se contentou em assumir um corpo humano e habitar no meio dos homens, mas querendo unir inseparavelmente a natureza divina à natureza humana, realizou-a após a Encarnação, na admirável invenção do Santíssimo Sacramento do altar, no qual habita, continuamente, a plenitude da Divindade da segunda Pessoa da Santíssima Trindade (LM, p. 898).

Luísa intui que Deus quer revelar ao homem toda a profundidade do seu Amor e, para isso, usa diversos meios. A Encarnação já manifestava esse profundo desejo de união e a Eucaristia o realiza de uma maneira ainda maior.

Nas suas meditações sobre a Eucaristia, Luísa de Marillac não se detém no aspecto "memorial e sacrifical" da Eucaristia, mas reflete longamente sobre a comunhão, "ação tão admirável e incompreensível para os sentidos humanos" (LM, p. 942). Receber o Corpo de Cristo é participar da Vida de Deus. O Cristo se dá como alimento para que o homem retire dele uma nova energia para realizar sua missão no mundo.

Apropriando-se do salmo 41, Luísa exprime sua sede de Deus: "Como o cervo suspira pelas águas, assim minha alma deseja meu Deus: preparar-me-ei por um grande desejo de estar unida a Deus" (LM, p. 890). Percebe-se aí a presença das recomendações de São Paulo: "Examine-se cada um a si mesmo e, assim, coma do pão e beba do cálice" (1Cor 11,28). Preparando-se para a comunhão, Luísa procura eliminar tudo o que nela possa ser impedimento a esta união. O principal parece ser "o apego à própria vontade" (LM, p. 891), mas reconhecendo que "o conhecimento da dignidade desse santo sacramento nos mostra incapazes de preparar-nos bem para recebê-lo" (LM, p. 942), ela se abandona inteiramente ao Amor de Jesus.

Ao receber a santa Comunhão, Luísa acolhe "a segunda Pessoa da Santíssima Trindade na unidade de sua essência, o que deve provocar em nós o respeito que a criatura deve ao seu Criador" (LM, p. 942). Será realmente possível a um ser humano experimentar tal união com seu Deus? Luísa parece sentir-se esmagada com tanta generosidade. Ela julga-se indigna desse dom. "Como o alimento comunica suas qualidades ao corpo humano que o consome, assim a união de minha alma com Deus vai torná-la semelhante a Ele... e me conduzir à imitação de sua vida santíssima" (LM, p. 890).

Para Luísa de Marillac, a recepção da santa comunhão é um momento excepcional no qual Jesus está realmente presente e, por isso, permanece atenta ao que Ele deseja realizar nela. Timidamente, exprime esse dom maravilhoso do amor. Dando-se como alimento, Jesus deseja "fazer-nos participantes de todas as ações de sua vida, levando-nos a entrar na prática de suas virtudes, e a tornar-nos semelhantes a Ele, por seu amor" (LM, p. 891).

Algumas comunhões de Luísa de Marillac são marcadas por experiências místicas. No dia 5 de fevereiro de 1630, ela participa da missa antes de partir para visitar a Confraria da Caridade de Saint-Cloud.

> Na sagrada comunhão pareceu-me que Nosso Senhor me dava o pensamento de recebê-lo como o esposo de minha alma, e isso à maneira de esponsais (LM, p. 799).

Luísa conhece os escritos de Teresa d'Ávila e de João da Cruz que falam do matrimônio espiritual. Ela diz: "E me senti tão fortemente unida a Deus por esta consideração que me foi extraordinária" (LM, p. 799). É difícil explicar claramente o que se passa na alma nesses momentos de profunda união com o Senhor da Caridade. Quer na comunhão, quer na adoração diante do Santíssimo Sacramento, Luísa contempla sem cessar o desejo de Deus por uma "união amorosa do Verbo com o homem" (LM, p. 840), desejo que ela busca fortemente responder.

A comunhão do dia 15 de agosto de 1659, alguns meses antes de sua morte, é para Luísa um encontro extraordinário que a faz participar de todos os mistérios de Cristo:

> Ao ver a Santa Hóstia, senti uma sede extraordinária que provinha do sentimento de que Jesus queria dar-se a mim, na simplicidade de sua divina infância (LM, p. 957).

Luísa vive o momento após a comunhão com grande recolhimento. Mantém-se atenta à presença divina, numa atitude de abandono a esse Deus de amor: não é mais a alma que vai ao seu Deus, mas é Deus que vem a ela. Com suas próprias palavras, ela repete o que Santo Hilário, bispo de Poitiers, explicava aos cristãos de sua diocese: "Comungar é fazer que estejamos em Cristo e Cristo esteja em nós". Em sua oração de ação de graças às três pessoas da Santíssima Trindade, Luísa manifesta novamente a Deus toda a sua alegria e gratidão.

> Regozijemo-nos admirando este surpreendente invento e amorosa união, pela qual Deus vendo-se entre nós, faz-nos, uma vez mais, semelhantes a Ele com a comunicação não só de sua graça, mas dele próprio (LM, p. 943).

A recepção da comunhão concede uma força excepcional já que dá "a capacidade de nele viver, tendo-o vivo no coração" (LM, p. 943). Recebendo o Corpo de Cristo, Luísa torna-se participante da Vida de Deus. Ela agradece a seu Senhor, porque "o Verbo feito Homem quis estar na terra, a fim de que os homens não estivessem separados dele (LM, p. 806).

Luísa sente em seu íntimo um profundo desejo de levar esta vida divina a todos, especialmente àqueles que têm dificuldade para superar os inúmeros contratempos cotidianos. A exemplo de Cristo, todo cristão é chamado também a doar-se inteiramente, se quiser levar vida e amor ao seu próximo.

> Para ser fiel a corresponder ao amor que Jesus Cristo nos demonstra no Santíssimo Sacramento dediquemos muito amor a sua humanidade santa e divina (LM, p. 891).

Décimo terceiro dia

ADMIRAR MARIA, A OBRA-PRIMA DE DEUS

Todas as almas verdadeiramente cristãs hão de professar um grande amor à Santíssima Virgem e honrá-la intensamente por sua qualidade de Mãe de Deus, assim como pelas virtudes que Deus lhe outorgou, por causa dessa prerrogativa.

Regozijemo-nos e felicitemos Maria pela escolha que Deus fez dela para unir, em seu seio, a natureza humana à sua divindade (LM, p. 899).

Quero durante toda a minha vida e na eternidade, amar Maria e honrá-la tanto quanto puder, em agradecimento à Santíssima Trindade pela escolha que fez da Santa Virgem para estar estreitamente unida à sua Divindade (LM, p. 955).

O começo do século XVII é marcado por um florescimento da devoção marial. Numerosas publicações dedicadas a Maria apareciam todos os anos. Francisco de Sales, entre outros, dedicou em 1616, o *Tratado do Amor de Deus* a Maria. Bérulle consagrou dez capítulos de sua Vida de Jesus, publicada em 1629, à Anunciação. Este movimento foi impulsionado por um sentimento de reação contra os severos julgamentos dos protestantes sobre as manifestações de culto à Virgem Maria na Igreja Católica. Luísa de Marillac se insere nessa renovação marial. A maternidade divina está no centro de toda a sua reflexão: "Não somente a Santíssima Virgem estava desde toda a eternidade na mente de Deus ..., e mesmo preferivelmente a qualquer outra criatura... Deus a destinava à dignidade de Mãe de seu Filho" (LM, p. 843).

Os espirituais do século XVII mostram a relação estreita que existe entre Maria e a Santíssima Trindade. São João Eudes, a exemplo de Bérulle e de Luísa de Marillac, não hesita em mostrar a admiração das três pessoas da Trindade por sua maravilhosa criatura: "As três pessoas divinas contemplam a bem-aventurada Maria, amam-na e tratam-na como a mais admirável obra-prima, entre todas as criaturas de seu poder, de sua sabedoria e de sua bondade".

Saudando Maria como filha de Deus Pai, Luísa de Marillac pensa na relação filial de Jesus com seu Pai, relação marcada por uma total adesão à vontade de Deus. "O meu alimento é fazer a vontade daquele que me enviou e realizar sua obra" (Jo 4,34). Luísa se apraz em glorificar Maria, em admirar sua adesão à vontade de Deus que lhe foi manifestada pelo anjo e depois pelos diversos acontecimentos de sua vida. "Seja eternamente gloriosa essa bela alma..., por sua adesão aos desígnios de Deus" (LM, p. 784).

Quando Luísa de Marillac reza à mulher escolhida por Deus para ser a Mãe de seu Filho, todo o seu ser de mulher fica repleto de alegria e de admiração. Gosta de celebrar o nascimento do Cristo, os nove meses nos quais Maria carregou em seu seio o seu Deus. Ela conhece a união íntima que existe entre a criança e sua mãe, e deseja viver esta mesma união profunda com seu Deus. Como Isabel, durante a Visitação, Luísa felicita a jovem mãe: "Santíssima Virgem, ... recebei meus votos e súplicas junto com meu coração que vos entrego todo inteiro, a fim de glorificar a Deus pela escolha que sua bondade fez de vós para ser mãe de seu Filho" (LM, p. 783).

Luísa reconhece e glorifica a importante missão de Maria para a realização da Encarnação.

> Sede para sempre bendito, ó meu Deus, pela escolha que fizestes da Santíssima Virgem... Foi preciso que vossa onipotência se valesse do sexo mais fraco da natureza humana para esmagar a cabeça da serpente, como vossa justiça havia ameaçado (LM, p. 919).

Ela vê na missão de Maria uma confirmação da missão da mulher, complemento indispensável do homem para a prática da caridade. Falando da obra empreendida pelas Damas da Caridade, Luísa de Marillac usa palavras que têm uma ressonância bem atual para nossa época.

> É evidente que, neste século, a Divina Providência quis servir-se do sexo feminino para mostrar que era ela quem queria socorrer os povos arruinados e conceder-lhes poderosa ajuda à sua salvação (LM, p. 902).

No dia da Anunciação, o anjo anuncia a Maria: "O Espírito Santo descerá sobre ti, e o poder do Altíssimo te cobrirá com a sua sombra" (Lc 1,35). O Espírito está presente tanto na origem da vida como no começo do mundo: "o Espírito de Deus pairava sobre as águas" (Gn 1,2). Luísa de Marillac sempre se maravilhava diante daquela que nomeia a obra-prima de Deus:

> Por isso, com toda razão a Virgem Maria deve ser honrada por toda criatura e, em especial pelos cristãos, já que é a única criatura isenta de imperfeições e sempre foi agradável a Deus, o que a faz ser a admiração de toda a Corte Celeste e o encanto de todos os homens (LM, p. 953).

Luísa de Marillac gosta de contemplar a maneira como a Virgem Maria, durante toda a sua vida, compartilhou a vida do seu Filho. Em Caná, Maria nota a falta do vinho, pressente a vergonha que o casal vai sentir, e encoraja seu Filho a realizar seu primeiro milagre começando sua missão. No Calvário, Maria acolhe a Palavra do seu Filho agonizante e sua maternidade se estende a João, à Igreja e à humanidade inteira.

Maria dirige aos homens toda a sua ternura de mulher e toda a sua benevolência de mãe. Luísa de Marillac admira a total disponibilidade de Maria para com todos aqueles que seu Filho lhe confiou do alto da Cruz. "Não sem razão a Santa Igreja a chama Mãe de Misericórdia" (LM, p. 886). Nos momentos difíceis, é para a Mãe de Misericórdia que os olhares se voltam.

Após a Ascensão, Maria está presente no cenáculo junto dos Apóstolos. Com eles, ela participa do acontecimento extraordinário de Pentecostes que transforma os temerosos discípulos em missionários convictos. Luísa agradece a Maria por ter "trabalhado pela salvação das almas o resto dos seus dias" (LM, p. 784).

Intimamente associada à Trindade, Maria é a humilde serva do desígnio de Deus. Aceitando ser o elo indispensável da Encarnação da segunda pessoa da Santíssima Trindade, Maria se compromete, pela doação total de si mesma, a participar da missão salvadora de seu Filho. Seu primeiro "sim" é seguido de numerosos outros "sins". João Paulo II na sua Encíclica *A Mãe do Redentor* fala da caminhada de fé de Maria, que avança passo a passo na compreensão e na realização de sua missão, que ela teve que descobrir pouco a pouco.

Maria não desvia de Jesus, mas a Ele conduz. Ela que deu a luz ao mundo, não hesita em pedir a seu Filho as luzes necessárias a todos e a cada um para viver no Amor a Deus e aos homens.

> Sou toda vossa, Santíssima Virgem, para ser mais perfeitamente de Deus. Ensinai-me a imitar vossa santa vida, mediante o cumprimento do que Deus quer de mim. Com toda a humildade reclamo a vossa ajuda (LM, p. 784).

Décimo quarto dia

ACOLHER O DOM
DO ESPÍRITO SANTO

As almas verdadeiramente pobres e desejosas de servir a Deus devem ter grande confiança que o Espírito Santo ao descer sobre elas, não encontrando nenhuma resistência, as disporá convenientemente para cumprir a santíssima vontade de Deus, que deve ser seu único desejo (LM, p. 920).

Haverá, por acaso, algo mais excelente, no céu e na terra, do que este tesouro que é a vinda do Espírito Santo? Como viver na insensatez depois de haver-se entregue totalmente a fim de preparar-se a este bem infinito? Não deveria eu desejar morrer, ó meu Deus, tão logo o houvesse recebido? ... Por que não poderei, já desde este mundo, derramar-me no oceano de vosso Ser Divino? Ao menos, se sou tão

> feliz de receber o Espírito Santo, quanto devo desejá-lo e com todo o coração! (LM, p. 939).

Luísa de Marillac manifesta sempre uma afeição particular pela festa de Pentecostes: ela gosta de se lembrar das graças recebidas neste dia. Em 1623, a luz de Deus veio esclarecer a noite escura na qual ela se debatia há muito tempo em consequência da doença de seu marido e das interrogações sobre sua vocação. Em 1642, transtornada pelas dificuldades que encontrava para dar continuidade à obra empreendida pela Companhia, recebe de repente, como que vindo de Deus, luz e esclarecimento. Quando a festa de Pentecostes chega, Luísa de Marillac convida as Irmãs a acolherem esse dom do Espírito Santo:

> Que seja do agrado de Nosso Senhor Jesus Cristo comunicar-vos seu Espírito nesta santa festa e assim nos vemos tão cheias dele, que nada possamos dizer nem fazer senão para sua glória e seu santo Amor (LM, p. 398).

Somente durante seu retiro em, 1657, Luísa se detém longamente sobre esse dom do Espírito e compreende sua ação junto aos discípulos e na Igreja. A leitura de São João orienta sua oração: "Mas o Defensor, o Espírito Santo que o Pai enviará em meu nome, ele vos ensinará tudo e vos recordará tudo o que eu vos tenho dito" (Jo 14,26). Interrogando-se sobre a natureza do Espírito Santo, ela coloca a questão ao próprio Jesus Cristo: "o que é pois esta vinda do Espírito Consolador que o Pai enviará por vós?" (LM, p. 940). O Espírito Consolador é o Espírito do Cristo ressuscitado. Ele leva seus discípulos a perceberem o significado profundo de tudo que viveram com seu Mestre enquanto esteve com eles e dá-lhes força e coragem para "dar testemunho da divindade" (LM, p. 941) do homem Jesus.

Luísa deseja ardentemente receber esse dom de Deus, mas se reconhece indigna de tal graça ao constatar seus maus hábitos. A única solução é recorrer ao próprio Deus:

> Suplico à bondade de Deus que disponha minha alma para receber com proveito as graças do Espírito Santo, após eu ter feito a necessária preparação que consiste em despojar-nos, com prazer, de todas as satisfações terrenas (LM, p. 449).

Ela deseja que o Espírito de Deus, este fogo ardente, venha destruir tudo o que existe de ruim nela e que restabeleça, fortifique e desenvolva as graças recebidas no Batismo.

Luísa tem uma grande percepção interior do Amor divino, que é para ela uma fonte viva de energia. Como os escritores bíblicos, reconhece que "Deus é um fogo devorador" (Hb 12,29). A alegria a invade quando contempla o esplendor do dom de Deus que a faz participante da própria vida de Deus. "Viver tanto quanto quiserdes, porém, de vossa vida que é toda de Amor" (LM, p. 939). Luísa de Marillac descobre todo o esplendor do dom do Espírito, e não quer usufruí-lo egoisticamente. Esse dom tem em vista a glória de Deus. A presença do Espírito se traduz pelo "ardor do amor" e dá a força necessária para viver como verdadeiras pessoas de fé.

Toda vida deve tornar-se um louvor ao Deus Trindade, ao Cristo vivo, ao Espírito de Amor, tanto pelas palavras quanto pelas ações. Todos os cristãos são chamados a deixar esse fogo divino invadir seu ser, a acolher a plenitude do amor que o Espírito quer derramar nos seus corações. Isto é o que Luísa deseja para as Irmãs:

> Suplico à bondade de Nosso Senhor, que disponha nossas almas para receber o Espírito Santo e que assim, inflamadas no fogo de seu Amor, vos consumais na perfeição desse amor que vos fará amar a santíssima vontade de Deus (LM, p. 400).

Luísa destaca um aspecto particular da missão do Espírito Santo. "Vi que um dos efeitos do Espírito Santo em Deus é o da união" (LM, p. 940). Esta união existe no seio mesmo da Trindade; Luísa a contempla e frequentemente a apresenta como modelo da vida comunitária e do trabalho em colaboração. O Espírito age também em cada pessoa e lhe concede uma estabilidade interior, favorecendo o equilíbrio de todas as suas faculdades. "O Espírito Santo por seu poder unitivo confere à vontade a facilidade para unir de modo perfeito (as duas outras faculdades da alma, inteligência e vontade), de sorte que não exista na alma nenhum desregramento" (LM, p. 940). O Espírito Santo conduz o homem à perfeição, a fim de ser o que Deus deseja para ele.

Luísa de Marillac se esforça também para entender o mistério da Igreja que nasceu neste dia, quando da efusão do Espírito. Como o

Concílio Vaticano II enfatizará, este mistério só se explica à luz da Trindade.

> Ó profundo e inescrutável segredo! Trindade perfeita em poder, sabedoria e amor, vós estáveis concluindo o estabelecimento da santa Igreja que queríeis fazer Mãe de todos os crentes! (LM, p. 940)

O Espírito Santo vem confirmar que Cristo é ao mesmo tempo Deus e Homem; Ele lhes dá a força necessária para viver como verdadeiros crentes. Jesus disse isso aos Apóstolos pouco antes de sua morte. "Quando, porém, vier o Defensor que eu vos enviarei da parte do Pai, o Espírito da Verdade, que procede do Pai, dará testemunho de mim. E vós, também, dareis testemunho, porque estais comigo desde o começo" (Jo 15,26-27). O Espírito concede aos Apóstolos a realização de *"operações infinitas"* dando testemunho de Jesus e "opera nos membros deste corpo místico, santidade de vida" (LM, p. 940). A Igreja é o lugar de apoio da fé dos cristãos.

Luísa reconhece que é uma honra e uma felicidade para todo cristão ser chamado a testemunhar o Cristo morto e ressuscitado. Sua oração frequente ao Espírito Santo exprime sua profunda aspiração a acolher este fogo de Amor:

> Ainda vedes em mim algumas fraquezas quanto à afeição às criaturas: consumi-as, fogo ardente do divino Amor... Dignai-vos vir a mim e restabeleça as graças que me concedeu no santo Batismo... Divino Espírito, operai esta maravilha em pessoa tão indigna pela amorosa união que desde toda a eternidade tendes com o Pai e o Filho (LM, p. 939).

Décimo quinto dia

EM VOSSAS MÃOS, EU ENTREGO MEU ESPÍRITO

O único meio de que disponho para achar misericórdia na hora da morte é que nesse momento estejam impressos em minha alma os traços de Jesus Cristo. (...) Terei, pois, uma grande confiança nele que me deu sentimentos de segurança de que sem levar em conta minha miséria e minha incapacidade, Ele fará tudo em mim. (...)

Já que a morte é um indispensável desapego de todas as coisas, quero tentar desprender-me, voluntariamente e de fato, de tudo para unir-me a Deus agora e habitualmente (LM, p. 811).

Eu vos rogo, minhas queridas Irmãs, que supliquem a Nosso Senhor que me faça misericórdia à hora de minha morte, pelos méritos da sua própria e mui preciosa morte (LM, p. 474).

Durante seu retiro espiritual em 1633, Luísa reflete sobre a morte e parece serena, confiando-se à misericórdia de Deus. Entretanto, em 1659, percebendo o declínio de sua saúde e a proximidade da morte, ela é tomada pela angústia.

Lançando um olhar sobre a Companhia das Filhas da Caridade, constata que a comunidade pela qual muito trabalhou e sofreu, perde sua renomada dedicação e honestidade. Numa carta a Vicente de Paulo ela explica que algumas Irmãs contestam certas práticas. Elas não apreciam a roupa das camponesas da Ile-de-France que lhes é imposta e desejam usar um véu como as religiosas, porque lhes parece mais decente. Gostariam de ter mais tempo para a oração e para o estudo da Palavra de Deus. Compreendendo a importância do serviço aos pobres, propõem instituir na Companhia dois grupos distintos: o das servas que continuariam o serviço aos pobres sem mudar nada em seu estilo de vida, e o das que adotariam a clausura com um estilo de vida conventual. Luísa teme uma mudança de estrutura e de orientação na Companhia das Filhas da Caridade.

Tantos anos de esforços, de vigilância, de exortações para chegar a tais propostas! Luísa experimenta isso como um fracasso pessoal e ao mesmo tempo como uma ofensa a Deus. A inquietação invade sua alma. Luísa considera "o prejuízo que resultaria para muitos pobres, tanto para a salvação de suas almas como por seu bem material, se a Companhia desaparecesse" (LM, p. 945).

Ela então se interroga: teria se iludido com o que ela sempre chamou o desígnio de Deus para a Companhia? Para levar aos pobres o que lhes era necessário, oferecer-lhes uma vida melhor, ela acreditou compreender que a nova vida que empreendia era um seguimento do Cristo na pobreza e na humildade. E eis que agora, algumas Irmãs buscam uma forma de vida religiosa mais estruturada e melhor instalada. Luísa entrevê "a desgraça eterna e inevitável que mereceriam as que, por malícia, fossem causa da perda ou da ruína de uma coisa que Deus fez por disposição de sua Providência, como parece ter sido feita a Companhia" (LM, p. 945).

Seria necessário renunciar ao que fora estabelecido? Deus quer outra coisa desta Companhia da Caridade? Luísa de Marillac gostaria de encontrar Vicente de Paulo para refletir com ele e meditar sobre seus conselhos. Entretanto, agora bem idoso, ele não deixa mais o seu quarto e passa o dia todo numa poltrona. Ela mesma está doente e não pode ir até a casa dele. Todo apoio humano parece escapar-lhe.

A contestação que Luísa de Marillac enfrenta é para ela um momento de crise, uma travessia do deserto. Ela relê os conselhos que Vicente de Paulo lhe havia dado alguns anos antes: "Percebi então que havia uma certa pressa em meu zelo e que, às vezes, nele podia estar entrando minha paixão" (LM, p. 936). Fazendo sua a oração dos salmos, ela implora ao Senhor: "Senhor Deus, meu salvador, diante de ti clamei dia e noite. Chegue à tua presença minha oração, presta atenção ao meu lamento" (Sl 88,2-3).

Luísa não quer duvidar da bondade de Deus. Durante sua oração, ela medita o episódio da tentação de Jesus no deserto.

> Honrarei a vontade de Deus que dispôs que Nosso Senhor fosse conduzido ao deserto por seu Espírito Santo para aí ser

tentado: em primeiro lugar, suportando, com tranquilidade, que o demônio me tente e refreando meu orgulho (LM, p. 810).

Luísa percebe que sente dificuldade para aceitar e vencer esta tentação. Saberá ela, como Abraão, oferecer a Deus o que tem de mais caro? Saberá ela, renunciar a sua obra, entregá-la com toda confiança nas mãos de Deus e daquelas que a assumirão após a sua morte? Este ato de abandono requer que ela aceite morrer para que, como o grão de trigo, produza fruto.

Sua fé no amor de Deus lhe diz que Ele não permitirá que os pobres sejam abandonados. Lentamente, sua oração se torna mais confiante: "Tu que és a fonte de todas as graças, faze com que minha alma confie sempre em ti" (LM, p. 890). Ela oferece a Deus todas as inquietudes que tanto a oprimiam e lhe mostra toda a sua confiança: "Nosso bom Deus sabe o que quer fazer e o que fará com a Companhia. Tenho grande confiança em sua bondade" (LM, p. 508).

Luísa se deixa invadir pela graça de Deus. Um verdadeiro processo de conversão se opera nela. Uma de suas últimas cartas, em 12 de janeiro de 1660, é um encorajamento a uma Irmã que está prestes a morrer. A morte, vista como uma participação no mistério pascal de Cristo, é abordada com tranquilidade.

> Suplico saudar nossa querida Irmã Maria da parte de todas nós, e assegurar-lhe que a Comunidade inteira reza por ela, para que se ache preparada a comparecer ao grande juízo, caso Deus a chame, e, em condições de participar eternamente dos méritos da morte de Jesus, crucificado por sua salvação e a de todos os homens (LM, p. 760).

Humildemente, em sua oração, Luísa coloca nas mãos de Deus a evolução que poderia acontecer na Companhia das Filhas da Caridade. O mundo muda, Luísa tem consciência disso. O serviço deverá levar em conta "os males que podem advir tanto na França como em outras partes" (LM, p. 903), e sempre ser oferecido aos "desprovidos de tudo" (LM, p. 957). Lentamente, todo temor desaparece. Luísa se prepara para encontrar seu Senhor.

> Num ato de amorosa confiança, eu vos peço, meu Deus, a graça de ter doravante um maior cuidado e desejo de agra-

dar-vos, subjugando para isso até o menor dos meus maus hábitos, e querendo amar-vos por amor a vós mesmos (LM, p. 937).

Numa grande paz, na véspera de sua morte, Luísa confia às Irmãs que estão ao redor de sua cama, suas esperanças para esta Companhia que ela tanto amou e serviu:

> Minhas queridas Irmãs, continuo pedindo a Deus por vós e rogo conceder-vos a graça de perseverar em vossa vocação, para que possais servi-lo no modo como Ele vos pede. Tende grande cuidado do serviço dos pobres e, sobretudo, de viver juntas numa grande união e cordialidade, amando-vos umas às outras, para imitar a vida de Nosso Senhor e a união das três Pessoas Divinas (LM, p. 967).

Na segunda-feira, 15 de março de 1660, por volta de 11 horas da manhã, Luísa, repetindo as palavras de Jesus, pode murmurar com toda a verdade: "Pai, em tuas mãos entrego meu espírito" (LM, p. 948).

PARA IR MAIS LONGE

Biografias

CALVET Jean, de l'Académie fraçaise. *Louise de Marillac par elle-même*. Paris, Aubier, 1960.

CHARPY, Élisabeth, Filles de la Charité. *Petite vie de Louise de Marillac*. Paris, Desclée de Brouwer, 1991.

GOBILLON, cure de Saint-Laurent. *La Vie de Mademoiselle Le Gras, fondatrice et première supérieure de la Compagnie des Filles de la Charité*. Paris, Pralard, 1676.

POINSENET, Marie-Dominiquem dominicaine. *De l'anxiété à la sainteté*, Paris, Fayard, Bibliothèque Ecclesia, 1958.

Soeur Vincent, Fille de la Charité. *Louise de Marillac ou La passion du pauvre, hier et aujourd'hui*, Paris, éditions SOS, 1974.

Biografia em português

Charpy, Élisabeth, Filles de la Charité. *Contra ventos e marés, Luísa de Marillac*. Rio de Janeiro, Filhas da Caridade da Província do Rio de Janeiro, 1990.

Estudos

Charpy, Élisabeth, Filles de la Charité. *Spiritualité de Louise de Marillac, itinéraire d'une femme*. Paris, Desclée Brouwer, 1995.

Douaihy, Antoine, prêtre de la Mission. *Em retraite avec Louise de Marillac*. Les Filles de la Charité, Liban, 1991.

Sites da internet

Companhia das Filhas da Caridade: www.filles-de-la-charite.org/pt/

Famille Vincentienne: www.famvin.org

ÍNDICE

Abreviações 5
Quem é esta mulher?...7
Itinerário Espiritual 15

1. Aceitar ser quem eu sou...................................19
2. Aceitar que o outro seja quem ele é..................25
3. Ser disponível à vontade de Deus 33
4. Contemplação do Mistério da Encarnação 39
5. A grandeza extraordinária do homem 45
6. A inacreditável humildade do Filho de Deus ... 53
7. A infinita misericórdia de Deus 61
8. Fazer-se pobre entre os mais pobres 69
9. Amar é primeiro respeitar 77
10. Viver juntas a missão 85
11. A santidade na simplicidade 93
12. Maravilhar-se com a Eucaristia 101
13. Admirar Maria, a obra-prima de Deus.........109
14. Acolher o dom do Espírito Santo 117
15. Em vossas mãos, eu entrego meu espírito.....125

Para ir mais longe 133